Wen kümmert noch

der Hunger in der Welt?

Wen kümmert noch der Hunger in der Welt?

Ziel 2 der Agenda 2030

Bettina Gau

Bibliografische Information der Deutschen Nationalbibliothek:
Die Deutsche Nationalbibliothek verzeichnet diese Publikation in der Deutschen Nationalbibliografie; detaillierte bibliografische Daten sind im Internet über dnb.dnb.de abrufbar.

Herstellung:

BoD – Books on Demand, Norderstedt

ISBN: 978-3-910632-00-4

Für

Prof. Dr. Ronnie Schöb

Inhalt:

Vorwort

Von 2000 bis 2015 wurde von der Staatengemeinschaft darauf hingearbeitet, die Millenniums-Entwicklungsziele zu verwirklichen. Im ersten Ziel wurde die Reduzierung von Hunger und Armut angestrebt. Nachfolgend zu den Millenniums-Entwicklungszielen wurde als Post-Millenniums Agenda die Agenda 2030 verabschiedet mit den Sustainable Development Goals (SDGs). Diese Ziele gelten, wie schon der Name sagt, bis 2030. Während der Umsetzung der Millenniumsziele wurde erkannt, dass Maßnahmen zur Beseitigung des Hungers zwar zur Sättigung führten, das Problem einer mangelhaften Versorgung mit Mikronährstoffen aber nicht damit behoben werden konnte. Darum wurden die Zielstellungen in der Agenda 2030 wesentlich differenzierter ausformuliert und auch die Beseitigung der Mangelernährung in das Programm aufgenommen.

Die Ergebnisse der Umsetzung der Millenniumsziele haben gezeigt, dass unterschiedliche Maßnahmen nötig sind, um Hunger und Mangelernährung gleichzeitig zu bekämpfen. Welche Maßnahmen sind geeignet, sowohl den Hunger, als auch die Mangelernährung weltweit zu bekämpfen? Welche Potentiale bieten die Produktionsmittel Arbeit, Boden und Kapital im Kampf gegen Hunger und Mangelernährung? Welche Bedeutung hat der Zugang zu Nahrungsmitteln, welchen Einfluss haben Traditionen und Vorlieben in der Ernährung und wie können sie, verbunden mit dem Wissen über moderne Erkenntnisse der Ernährungswissenschaft, zu einer gesunden Ernährung beitragen? Diesen Fragen wird in diesem Buch nachgegangen. Teile dieses Textes haben 2016 als Abschlussarbeit vorgelegen und wurden für dieses Buch überarbeitet. Viele Quellen sind darum noch aus der ursprünglichen Entstehungszeit.

Auch wenn die Pandemie und der Krieg in der Ukraine im Jahr 2022 viele akute Themen überdecken, sollte nicht vergessen werden, dass andere Themen ihnen in Aktualität und Brisanz in nichts nachstehen. Das Thema Hunger in der Welt wird durch die aktuelle Situation noch verschärft. Mehr als ein Drittel der verfügbaren Zeit zur Umsetzung der Ziele aus der Agenda 2030 ist unwiderruflich verflossen.

Dieses Buch will einen Beitrag dazu leisten die Agenda 2030 ins Bewusstsein zurück zu holen und ihren Zielen Geltung zu verschaffen. Wenn der Klimawandel nicht aufgehalten werden kann, drohen auch uns wohlstandsverwöhnten Europäern Versorgungsszenarien, die dem heutigen Stand in vielen weniger entwickelten Regionen dieser Welt in nichts nachstehen werden. Die Menschen in diesen Regionen haben dann jedoch den Vorteil, dass sie sich in der Kunst, aus nichts wenig zu machen, lange geübt haben. Jeder sollte sich darum bewusst sein: wir leben nicht allein auf dieser Welt.

Bettina Gau

1. Einleitung

Die Nahrungsmittelproduktion weltweit ist auf einem hohen Niveau wie noch nie. Es wird mehr produziert, als gegenwärtig für die Ernährung der Weltbevölkerung nötig wäre. Trotzdem hungern noch immer 811 Millionen Menschen, während 1,9 Milliarden Menschen an Überernährung und Folgen von krank machender Fettleibigkeit leiden. [1] Weiterhin gibt es ca. 2 Milliarden Menschen, die mangelernährt sind. Wenn von einer Weltbevölkerung von derzeit 8 Milliarden Menschen ausgegangen wird, sind das zusammen über 25 Prozent.[2]

Mit zunehmender Globalisierung rücken die Menschen zusammen. Politische oder wirtschaftliche Entscheidungen in einem Land können Auswirkungen auf eine weit entfernte Region der Welt haben. Somit steigt die Verantwortung der Menschen aus allen Regionen füreinander. Das ins Bewusstsein zu rücken und auf Ausgleich und gerechte Verteilung zu achten, haben sich global agierende Organisationen auf die Fahne geschrieben.

Allen voran ist die UNO die Organisation, die das Wohl und Wehe aller Staaten in den Blick nimmt und auf ausgleichende Gerechtigkeit hinarbeitet. Das beinhaltet alle Bereiche des Zusammenlebens in der Völkerfamilie. Auch die Ernährung der Weltbevölkerung ist immer wieder ein aktuelles Thema.

Die UN - Organisation für Ernährung und Landwirtschaft (FAO) hatte 1996 auf dem Ernährungsgipfel in Rom Repräsentanten von 182 Ländern an einen Tisch gebracht. Es wurde das Ziel

---

[1] Vgl. www.weltagrarbericht.de 2022.
[2] Vgl. Haerlin u.a. 2015a.

formuliert, bis 2015 die Zahl der hungernden Menschen zu halbieren.

Im Jahr 2000 wurden von Vertretern von 189 Staaten die Millenniums-Entwicklungsziele (MDG) verabschiedet. Auch hier war der Kampf gegen Hunger und Armut eins der erklärten Ziele. Es wurde jedoch die Halbierung des prozentualen Anteils der hungernden Menschen an der Weltbevölkerung bis 2015 zum Ziel gesetzt.

In dem betrachteten Zeitraum von 1990 bis 2000 ist die Weltbevölkerung um zwei Milliarden Menschen angewachsen, von 5,32 Milliarden in 1990 auf 6,13 Milliarden im Jahr 2000 und schließlich auf 7,35 Milliarden in 2015. [3] Das Ziel des Ernährungsgipfels von 1996 ist unerreicht geblieben. Die Zahl der hungernden Menschen sank zwar trotz Anwachsen der Weltbevölkerung von 991 auf 780 Millionen. Eine Halbierung der absoluten Zahl konnte jedoch nicht erreicht werden.

Der Anteil der hungernden Menschen an der Weltbevölkerung sank von 23,3 % in 1990 auf 12,9 % in 2015. Damit war das Millenniumsziel nur knapp verfehlt.[4]

Geblieben sind aus den Strategien der Umsetzung von Zielen immer bessere Methoden zur Feststellung der Zahlen weltweit, sowie Vorschläge zu differenzierter Ausformulierung neuer Ziele und Empfehlungen, wie die ehrgeizigen Ziele aus der Agenda 2030, die im September 2015 verabschiedet wurde, erreicht werden könnten. Die Staaten der UN haben sich den Zielen der Agenda 2030 verpflichtet.

17 Zielstellungen wurden in 169 Teilzielen formuliert. Die Umsetzung der Ziele wird in vielen Nationen verfolgt. Eins der

---

[3] Vgl. Statista 2016.

[4] Vgl. FAO, IFAD and WFP 2015, S.9.

Ziele befasst sich mit dem Hunger und der Mangelernährung in der Welt. Bis 2030 soll beides komplett beseitigt sein. Das ist ein großes Ziel und bedarf vieler Strategien und Zusammenarbeiten zur erfolgreichen Umsetzung.

In diesem Buch sollen die Erfahrungen der vergangenen Jahre und die aktuellen Gegebenheiten und Anstrengungen geprüft werden, um zu erkennen, welche Maßnahmen zum Erreichen des Zieles, den Hunger und die Mangelernährung in der Welt bis 2030 komplett zu beseitigen geeignet sind.

2. Hunger und Mangelernährung in den Millenniumszielen

Bevor ich mich dem 2. Ziel aus der Agenda 2030 zuwende, sollen die Zielstellungen und Erkenntnisse der Millenniumsziele, die den Hunger und die Mangelernährung betreffen, kurz betrachtet werden. Sie bilden eine der Grundlage für die Formulierung dieses Zieles in der Agenda 2030.

2.1 Die Millenniumsziele

Zu Beginn des neuen Jahrtausends wurden von führenden Politikern unter dem Dach der Vereinten Nationen 8 Entwicklungsziele für die Bekämpfung der Armut in der Welt festgelegt. Die Nationen gingen die Selbstverpflichtung ein bis 2015 diese Ziele zu verfolgen, um die Lebenssituation und Zukunftsaussichten vieler Menschen zu verändern:

1. Beseitigung der extremen Armut und Hunger
2. Verwirklichung der allgemeinen Grundschulbildung
3. Förderung der Gleichstellung der Geschlechter und Ermächtigung der Frauen
4. Senkung der Kindersterblichkeit
5. Verbesserung der Gesundheit von Müttern
6. Bekämpfung von HIV/AIDS, Malaria und anderen Krankheiten
7. Sicherung der ökologischen Nachhaltigkeit
8. Aufbau einer weltweiten Entwicklungspartnerschaft[5]

[5] Vgl. Vereinte Nationen 2015.

Der Millenniums-Entwicklungsziele Bericht 2015 nimmt Stellung zur voraussichtlichen Erreichung der Ziele und zieht ein positives Fazit: Viel wurde verändert und die Situation von Millionen Menschen verbessert. Vereinte Anstrengungen haben Erfolg gehabt und tragen Früchte.

So wurde die Rate der in extremer Armut lebenden Menschen in den Entwicklungsländern von 47 % in 1990 auf 14 % in 2015 gesenkt. Die Zahl der Kinder im Grundschulalter, die weltweit keine Schule besuchen, sank von 100 Millionen auf 57 Millionen. Die Sterblichkeitsrate von Kindern unter 5 Jahren und die Müttersterblichkeitsrate vor und während der Geburt sanken. 1,9 Milliarden Menschen erhielten Zugang zu verbessertem Trinkwasser.

Dennoch bleibt viel zu tun. Immer noch leiden Millionen Menschen Hunger, sterben Kinder und werdende Mütter auf Grund von mangelnder Ernährung, haben Frauen weniger Rechte und Chancen als Männer und grassieren Krankheiten.[6]

2.1.1 Hunger und Mangelernährung

Das erste der Millenniumsziele befasst sich mit der Beseitigung der extremen Armut und des Hungers. Zur Zeit der Festlegung der Ziele wurde der Hunger noch über die Armut definiert. Als extrem arm galt, wer von weniger als 1,25 US-Dollar am Tag leben musste.[7]

2005 fand eine Neubewertung des Warenkorbes durch Deaton und Dupriez statt. Sie haben umfangreiche Datenerhebungen der

---

[6] Vgl. Vereinte Nationen 2015a, S. 4ff.

[7] Vgl. Ebenda, S. 4.

Weltbank ausgewertet und sind auf einen Vergleichswert von 99 US-Cent gekommen.[8]

Zum ersten Millenniumsziel wurden darum folgende Zielvorgaben festgelegt:

Zielvorgabe 1.A: Zwischen 1990 und 2015 den Anteil der Menschen halbieren, deren Einkommen weniger als 1 Dollar pro Tag beträgt

Zielvorgabe 1.B: Produktive Vollbeschäftigung und menschenwürdige Arbeit für alle, einschließlich Frauen und junger Menschen, verwirklichen

Zielvorgabe 1.C: Zwischen 1990 und 2015 den Anteil der Menschen halbieren, die Hunger leiden[9]

Im medizinischen Sinn handelt es sich bei Hunger um: „das physiologische Verlangen nach Nahrungsaufnahme. Das Hungergefühl ist Teil der Triebsteuerung des Menschen und basiert auf komplexen Prozessen, die das Hungergefühl auslösen, damit das Essverhalten steuern und schließlich das Hungergefühl wieder aussetzen lassen. ... Den Zustand reduzierter Nahrungsaufnahme und bei gleichzeitiger Präsenz eines Hungergefühls zeichnet man als Hungern...“[10]

Im Welternährungsbericht der Food and Agriculture Organization of the United Nations (FAO) wird der Begriff Hunger gleich gesetzt mit der chronischen Unterernährung. Das bedeutet, dass dauerhaft nicht genug Nahrung aufgenommen werden kann, um den täglichen Energiebedarf zu decken.[11]

---

[8] Vgl. Deaton und Dupriez 2011 und Banerjee und Duflo 2011, S. 357.
[9] Vgl. Vereinte Nationen 2015a, S. 14, S. 17 und S. 20.
[10] Antwerpes 2007.
[11] Vgl. FAO, IFAD and WFP 2015, S.53.

Der tägliche Energiebedarf eines Menschen ist abhängig von Faktoren wie Alter, Größe, Geschlecht, körperlicher Belastung und klimatischen Bedingungen. Im Durchschnitt braucht ein erwachsener Mensch 2100 kcal am Tag. Bei schwerer körperlicher Arbeit, in der Schwangerschaft und bei stillenden Müttern ist der Bedarf höher. Werden dauerhaft weniger als 1400 kcal zu sich genommen spricht man von chronischer Unterernährung.

Unterernährte Menschen haben oft zu wenig Energie um alltägliche Dinge zu verrichten. Sie haben darüber hinaus nicht genug Kraft zum Lernen und zum Arbeiten. Es gibt zwei mögliche Ursachen für die verminderte Energiezufuhr:

1. Es wird zu wenig Nahrung aufgenommen

2. Es können nicht genug Nährstoffe aus der Nahrung in den Körper aufgenommen werden

Der zweite Grund führt auch in entwickelten Regionen zur Unterernährung. Der erste Grund kommt häufig in Entwicklungsländern und Krisengebieten vor und führt zur chronischen Unterernährung, die unter dem Begriff Hunger bekämpft wird.[12]

Die Mangelernährung wird in Abgrenzung zum offensichtlichen Hunger, also der Unterernährung, auch versteckter Hunger genannt. Sie ist oft eine Folge von Unterernährung, tritt aber auch bei ausreichender Ernährung auf, wenn die Nahrung zu wenige Mikronährstoffe wie z.B. Eisen, Jod, Zink oder Vitamine enthält. Einseitige Ernährung, z.B. ausschließlich durch Reis, Mais oder Weizen, wie sie in vielen Entwicklungsländern zur Bekämpfung des Hungers eingesetzt wird, bringt zwar ausreichend Kalorien

[12] Vgl. WFP 2016a.

mit sich und füllt den Magen, enthält aber zu wenig Mikronährstoffe.

Die Folgen der Mangelernährung sind vielfältig und ähnlich denen von Unterernährung. Es kommt zu Einschränkungen in der Leistungsfähigkeit und der Wiederstandkraft. Eigentlich harmlos verlaufende Krankheiten wie Masern oder Durchfall können tödlich enden. Während der Schwangerschaft kann Mangelernährung zu Komplikationen führen. Nach der Entbindung fehlt oft die Milch zum Stillen, oder sie ist nicht ausreichend. Besonders in den ersten Lebensjahren nehmen Kinder durch Mangelernährung dauerhaften Schaden. Sie sind im Wachstum oder in der Entwicklung beeinträchtigt.[13]

Die Weltgesundheitsorganisation hat Kriterien definiert, die es erlauben, sich auch in technisch weniger gut ausgestatteten Regionen schnell einen Überblick über die Ernährungssituation von Kindern zu verschaffen. Dabei werden verschiedene Angaben ins Verhältnis gesetzt: das Gewicht zur Größe, die Größe zum Alter und das Gewicht zum Alter. Diese Werte werden mit Standardwerten verglichen. Geringe Abweichungen gelten als normal. Erhebliche Abweichungen deuten jedoch auf ein Problem in der Nahrungszufuhr hin.

Beim Verhältnis von Gewicht zur Größe kann es erhebliche Abweichungen nach unten und nach oben geben. Viel zu wenig Gewicht auf die Größe bezogen, kann zu gesundheitlichen Schäden (Wasting) bis hin zum Tod führen. Auch erhebliches Übergewicht kann gesundheitliche Einschränkungen nach sich ziehen. Weltweit nimmt die Zahl erheblich übergewichtiger Menschen zu, auch als Folge einer falschen Ernährung. Betroffen sind davon nicht nur entwickelte Regionen.

---

[13] Vgl. WFP 2016b.

Eine extrem geringe Größe im Verhältnis zum Alter (Stunting) kennzeichnet immer eine kritische Situation. Sie tritt in Folge von Krankheit oder falscher Ernährung auf. Eine Wachstumsverzögerung in der frühen Kindheit wirkt sich oft auf das gesamte weitere Leben aus. Es drohen Anfälligkeit für Krankheiten und eingeschränkte Entwicklungsfähigkeit.

Das Verhältnis von Gewicht zum Alter fasst beide vorhergehende Betrachtungen zusammen. Die Auswertung wird hier komplexer, weil auch der gesellschaftlichen Entwicklung von Körpergrößen in der Bevölkerung Rechnung getragen wird.[14]

Duflo und Banerjee weisen jedoch darauf hin, dass auch Nachkommen von Einwanderern aus eher kleinwüchsigen Populationen in ein entwickeltes Land nach zwei bis drei Generationen die gleiche Größe aufweisen, wie andere Ethnien. Demzufolge scheint sich die Ernährungssituation auf die Gesamtbevölkerung auszuwirken.[15]

Während es sich bei Hunger und Unterernährung um einen quantitativen Mangel handelt, spricht man bei Mangelernährung von einem qualitativen Mangel.

Der Begriff Mangelernährung kam in den Millenniumszielen noch nicht vor. Es war jedoch ein wichtiges Ergebnis wissenschaftlicher Untersuchungen, die mit der Verfolgung dieser Ziele einhergingen, diesen Aspekt stärker als bis dahin zu berücksichtigen.

---

[14] Vgl. WHO 2016.

[15] Vgl. Banerjee und Duflo 2011, S. 50.

2.1.2 Hunger und Armut

Duflo und Banerjee haben in ihrem Buch ‚POOR ECONOMICS. Plädoyer für ein neues Verständnis von Armut' den Zusammenhang von Hunger und Armut untersucht. Aus bisheriger Sicht stecken arme Menschen in einer Armutsfalle fest. Weil sie nicht genug Geld haben, um sich ausreichend Essen zu kaufen, sind sie schwach und können keiner Arbeit nachgehen, durch die sie Geld verdienen könnten, um sich mehr Essen zu kaufen. Wer hingegen Geld hat, um sich ausreichend zu ernähren, hat die Kraft sich weiter zu entwickeln und mehr zu arbeiten und demzufolge auch mehr zu verdienen. So werden die Armen immer ärmer und die Reichen immer reicher.

Wäre diese Annahme richtig, müssten Arme so viel wie möglich Geld für Essen ausgeben. Die Untersuchungen von Banerjee und Duflo haben jedoch gezeigt, dass die meisten Armen sich nicht wie Hungernde verhalten. Mehreinnahmen werden nicht ausschließlich für Nahrung ausgegeben. Wenn Nahrung davon gekauft wird, dann meist nicht mehr Kalorien, sondern besser schmeckende Nahrung.

Nahrungsmittel sind derzeit global gesehen in ausreichender Menge vorhanden. Wenn sie nicht verfügbar sind, liegt es meist an der unzureichenden Verteilung. Auch mit wenig Geld kann man sich ausreichend Kalorien zuführen. Banerjee und Duflo haben mit Preisangaben von den Philippinen berechnet, wieviel das billigste Essen kosten würde, mit dem man sich 2400 Kalorien am Tag zuführen könnte. Bei Kaufkraftparität ergab es 21 US-Cent. Dabei bestünde die Nahrung allerdings nur aus Bananen und Eiern.[16]

---

[16] Vgl. Banerjee und Duflo 2011, S. 45.

Ein Schwerpunkt der Erhebungen von Banerjee und Duflo liegt in Indien. Dort hat sich durch den wirtschaftlichen Aufschwung die Verfügbarkeit von Nahrungsmitteln sehr verbessert. Trotzdem werden immer weniger Kalorien pro Kopf aufgenommen. Drei Viertel der Bevölkerung leben in Haushalten, in denen weniger als die Mindestmenge für körperlich arbeitende Menschen an Kalorien verzehrt werden. Reiche Inder essen immer noch mehr als arme, aber der Prozentsatz des Einkommens, der für Essen ausgegeben wird, nimmt in beiden Schichten ab. Gleichzeitig verändert sich auch der Warenkorb. Es wird der gleiche Betrag nun für teurere Speisen ausgegeben.

Im Asiatischen Raum sind die Menschen besonders klein. Darum brauchen sie möglicherweise weniger Kalorien. Doch warum sind sie so klein? Wandern sie in entwickelte Länder aus, erreichen ihre Nachkommen in wenigen Generationen die gleiche Größe wie andere Ethnien in diesem Umfeld. Bekommen Kinder in den ersten Lebensjahren jedoch zu wenig Nahrung und vor allem auch zu wenig Mikronährstoffe, bleiben sie in ihrer Entwicklung zurück. Die Folgen sind dauerhaft. Untersuchungen haben ergeben, dass Mütter nach einer mangelernährten Kindheit auch kleinere Kinder zur Welt bringen.[17]

In Indien ist die Ernährungssituation unter den Kindern tatsächlich immer noch dramatisch. Fast die Hälfte gilt als minderwüchsig. Selbst im Verhältnis zu ihrer Körpergröße wiegen sie oft zu wenig.

Auch in anderen Ländern wie Kenia und Tansania wurden Untersuchungen durchgeführt. Die Auswirkungen des Mangels an Mikronährstoffen im Kindesalter auf die Dauer der Schulbildung und dadurch auf die weiteren Chancen ließen sich

[17] Vgl. Banerjee und Duflo 2011, S. 50.

eindeutig nachweisen. Oft hätte der Mangel mit wenig Mitteln beseitigt werden können. Es fehlte jedoch meist die Bereitschaft, die wenigen Mittel aufzubringen.

Die Ernährung der Menschen in armen Regionen der Erde könnte besser sein, wenn die Menschen sich einfachere und damit oft auch gesündere Nahrungsmittel kaufen würden. Sie kosten weniger, schmecken aber nicht so gut. Der Luxus der armen Menschen ist es jedoch, sich besser schmeckende Lebensmittel zu kaufen und dafür eben weniger zu essen.

Es werden auch nicht alle verfügbaren Mittel für Essen ausgegeben. In viele Kulturen ist es üblich, Hochzeiten und Ähnliches groß zu feiern. Dafür wird von dem wenigen Geld gespart, was möglich ist. In Marokko trafen Banerjee und Duflo in einem abgelegenen Dorf auf Menschen, die nicht genug Geld hatten, um sich ausreichend Nahrungsmittel zu kaufen. Als sie sich umsahen, bemerkten sie jedoch, dass es einen Fernseher mit Satellitenschüssel und DVD Spieler gab. Auf ihre Nachfrage bekamen sie die Antwort, dass Fernsehen wichtiger ist als Essen. Als sie sahen, wie eintönig der Alltag der Menschen dort war, die nur wenige Tage im Jahr Arbeit fanden, entwickelten Sie ein gewisses Verständnis.[18]

Viele Programme von Regierungs- und Nichtregierungsorganisationen versuchen, den armen Menschen Lebensweisen zu vermitteln, die sie in eine bessere Zukunft führen. Jedoch stoßen sie oft auf Ablehnung, aus den verschiedensten Gründen. Mitunter ist den armen Menschen das Heute wichtiger als eine Zukunft, von der sie nicht mit Sicherheit sagen können, dass sie besser wird. Die Zusammenhänge zwischen den Maßnahmen und deren Auswirkungen sind oft auch nicht klar. So waren in Kenia Mütter nicht bereit, wenige Cent für eine Entwurmungskur

[18] Vgl. Banerjee und Duflo 2011, S. 59.

ihrer Kinder auszugeben, obwohl sie, statistisch gesehen, ihnen damit einen zwei Jahre längeren Schulbesuch und damit wesentlich bessere Zukunftschancen ermöglichen würden.

So stellen Banerjee und Duflo fest, dass die meisten Erwachsenen in den armen Regionen dieser Erde nicht in einer Ernährungsbedingten Armutsfalle feststecken. Sie haben Möglichkeiten, sich besser zu ernähren, nutzen sie aber nicht. Das Problem besteht oft nicht in der Menge der Nahrung, sondern in der Versorgung mit Mikronährstoffen. Von einer besseren Ernährung würden vor allem Ungeborene und Kleinkinder profitieren. Ihr späteres Einkommen könnte sich erheblich von dem ihrer Eltern unterscheiden.

Es reicht also nicht, einfach nur mehr Getreide oder Reis in die armen Regionen dieser Erde zu liefern, denn das Problem sind nicht die Kalorien, sondern die Mikronährstoffe. Auch mehr Einkommen würde die Situation nicht wesentlich verbessern, denn es gibt zu viele mit der Ernährung konkurrierende Bedürfnisse.

Die Investition in eine bessere Ernährung von Schwangeren und Kleinkindern ist jedoch von großem gesellschaftlichem Nutzen. So könnten die Abgabe von angereicherten Nährstoffen an Schwangere und Eltern von Kleinkindern sich auf die Entwicklung der Kinder auswirken, sodass sie zu erwachsenen Menschen heranwachsen, die ihren Beitrag zur Erwirtschaftung eines höheren Bruttoinlandsprodukts (BIP) leisten.

Bunjeree und Duflo zeigen auch Beispiele auf, wo Kinder in Schulen angereicherte Mahlzeiten bekommen und Entwurmungskuren durchgeführt werden. Es gibt in dieser Richtung viele verschiedene Bestrebungen in unterschiedlichen Regionen der Erde. Jedoch ist es noch nicht genug. Das Bewusstsein für die Bedeutung einer geänderten Ausrichtung der Versorgung armer Menschen nicht nur mit viel billigem Getreide, sondern mit nährstoffreichen Lebensmitteln muss in vielen Entscheidungsträgern noch geweckt werden.

Bunerjee und Duflo setzen voraus, dass arme Menschen den Zugang zu ausreichender Nahrung haben und selbst die Entscheidung treffen, wie viel Geld sie für Nahrung ausgeben und auch für welche Nahrung sie das Geld ausgeben. Diese Sicht trifft oft auf sich entwickelnde Länder und Regionen zu.[19]

Paul Collier unterscheidet in seinem Buch mit dem Titel ‚Die unterste Milliarde. Warum die ärmsten Länder scheitern und was man dagegen tun kann', zwischen armen Menschen in sich entwickelnden Ländern und den Ärmsten der Armen, die durch besondere Einflüsse von der Versorgung mit Nahrungsmitteln abgeschnitten sind. Dazu gehören schwierige geographische Lagen ebenso wie kriegerische Auseinandersetzungen und Klimaeinflüsse. Kennzeichen ist ein negatives Wachstum in den Ländern. Er beziffert die Ärmsten der Armen auf eine Milliarde Menschen. In diesem Personenkreis ist der Anteil an Kindersterblichkeit mit 14 % noch einmal erheblich höher als in den übrigen Entwicklungsländern mit 4 %. Den Anteil von Kindern mit chronischer Mangelernährung beziffert er mit 36 % gegenüber 20 % in den anderen Entwicklungsländern.[20]

Aus seiner Sicht sind besondere Maßnahmen zum Erreichen dieser Menschen nötig. Die Lösung ihrer Probleme sieht er als globales öffentliches Gut und demzufolge schwierig zu erreichen an. Zusätzlich zur Entwicklungspolitik fordert er Aktionen und Instrumente der Handelspolitik, Sicherheitsstrategien, Änderungen unserer Gesetze und neue internationale Chartas. Einzelne Länder können aus seiner Sicht wenig erreichen. Nur

[19] Vgl. Banerjee und Duflo 2011, S. 37ff.
[20] Vgl. Collier 2010, S.23.

durch gemeinsames Handeln kann die Situation dieser Menschen entscheidend verbessert werden.[21]

2.2 Erreichtes

Die Überprüfung der erreichten Ziele im Millennium-Entwicklungsziele Bericht der Vereinten Nationen zeigt an, dass sie nicht in allen Regionen der Welt gleichmäßig umgesetzt werden konnten.[22]

Während in Südasien insgesamt und in Indien und China im Besonderen die gesteckten Ziele zur Reduzierung der Armut weit übertroffen wurden, wurden sie in der Region Afrika, südlich der Sahara, weit verfehlt. Global gesehen, konnten seit 1990 aber immerhin über 1 Milliarde Menschen aus extremer Armut befreit werden.

Ähnlich verhält es sich beim Hunger. Der Anteil der unterernährten Menschen in den Entwicklungsregionen wurde von 23,3 % in 1990 auf ca. 12,9 % in 2015 gesenkt. Somit wurde das angestrebte Ziel nur knapp verfehlt. Auch dabei gibt es regionale Unterschiede. Während der wirtschaftliche Aufschwung in China und Indien die Prozentzahlen der unterernährten Menschen in diesen Regionen stark sinken ließ, wurden in Afrika, südlich der Sahara, in Ozeanien und der Karibik die Ziele weit verfehlt. Einen wesentlichen Rückgang verzeichnet auch Lateinamerika. Hier sank die Rate auf unter 5 %.

Wirtschaftliche Krisenzeiten, z.B. 2008, haben sich verzögernd auf die Erfolgsentwicklung ausgewirkt. Durch Konflikte waren

---

[21] Vgl. Collier 2010, S. 237.

[22] Vgl. Vereinte Nationen 2015a.

2014 fast 60 Millionen Menschen zum Verlassen ihrer Heimat gezwungen. Viele von ihnen leiden in der Folge an Hunger und Armut. 90 % von ihnen befinden sich in Entwicklungsregionen und ungefähr die Hälfte davon sind Kinder. Zum Ziel der Vollbeschäftigung wird berichtet, dass trotz Fortschritten weltweit die Hälfte aller Erwerbstätigen in unsicheren Beschäftigungsverhältnissen arbeitet.[23]

2.3 Empfehlungen

Die Beseitigung von Armut und Hunger ist auch für die Post-2015-Entwicklung von zentraler Bedeutung. Wenn auch schon Einiges erreicht wurde, leben doch noch immer Menschen in Hunger und extremer Armut. Sie leben oft in instabilen Verhältnissen, Krisenregionen, abgelegenen Gebieten oder unter klimatisch schwierigen Bedingungen. Es erfordert viel Zeit und Einsatz, um auch in diesen Regionen Zugang zu Wasser, Elektrizität, Gesundheitsversorgung, Schulen und weiteren Diensten erreichbar zu machen.

Auch für diejenigen, die der Armut entkommen sind, ist der Fortschritt nicht immer dauerhaft gesichert. Klimawandel, Ernährungsunsicherheit, wirtschaftliche Schocks, Epidemien oder aktuell die Pandemie und der Krieg in der Ukraine können mühsam Erreichtes schnell wieder zerstören. Im Bericht über die Millenniums-Entwicklungsziele 2015 wird deutlich darauf hingewiesen, dass weitere Anstrengungen nötig sind, um die verbleibenden Defizite zu beheben sowie Hunger und Armut zu beseitigen.[24]

---

[23] Vgl. Vereinte Nationen 2015a, S. 14ff.

[24] Vgl. Ebenda, S.23.

Bei der Auswertung der erreichten Ziele wurden einige Schlüsselbeobachtungen gemacht:

- Die Ziele waren oft nicht klar genug definiert und die Indikatoren zum Feststellen des Erreichens der Ziele passten nicht immer zur Zielformulierung.
- Es gab zu wenig Etappenziele, manche der Etappenziele waren nicht klar genug zeitlich vorgegeben oder auf das Erreichen des Zieles ausgerichtet.
- Die Aufbereitung erreichbarer Daten war nicht immer aussagekräftig.
- Es fehlten qualitative Indikatoren zum Prüfen der Entwicklung von Zusammenarbeit, des Engagements und der Umsetzung von Verpflichtungen.[25]

Daten sind ein unverzichtbarer Bestandteil für die Überwachung der gesetzten Ziele. Was gemessen wurde, wurde auch erledigt. Nicht immer gab es jedoch aussagefähige Daten. Mit der Überwachung der Millenniumsziele wurden an vielen Stellen Systeme zur Datenerhebung und Statistikbildung etabliert. Dabei war die Zusammenarbeit von nationalen und internationalen Stellen unerlässlich und führte zu drastischer Verbesserung der Überwachung der globalen Ziele.

Es fehlten aber noch immer entscheidende Daten für die Entwicklungspolitik. Erst die Quantifizierung des bisher Nicht-quantifizierbaren macht die Umsetzung neuer Ziele möglich. Darum ist die Erhebung von Daten eine wesentliche Voraussetzung für das Erreichen neuer Ziele. Daten in Echtzeit helfen dazu, schneller bessere Entscheidungen zu treffen und die politischen, wirtschaftlichen und finanziellen Maßnahmen zu koordinieren.

[25] Vgl. Vereinte Nationen 2015b.

Moderne Technologien helfen bei der Erhebung und Verteilung erfasster Daten. Um sie auch global nutzen zu können, bedarf es bestimmter Standards und integrierter Statistiksysteme. Um die erfassten Daten sinnvoll auswerten zu können, sind Fertigkeiten erforderlich, die auf nationaler und internationaler Ebene verteilt und vermittelt werden müssen. Aus Sicht des Millenniums-Entwicklungsziele Bericht 2015 sind empirisch fundierte Entscheidungsprozesse eine wesentliche Voraussetzung zur Erreichung von neuen Zielen.[26]

[26] Vgl. Vereinte Nationen 2015a, S.13.

3. Agenda 2030

Auf dem UN-Gipfel in New York wurde am 25. September 2015 die Agenda 2030 für Nachhaltige Entwicklung verabschiedet. Sie umfasst 17 Entwicklungsziele unter der Bezeichnung Sustainable Development Goals (SDGs), die in insgesamt 169 Unterziele aufgeteilt sind. Die Agenda 2030 trat am 01.01.2016 in Kraft und löste die Millenniums-Entwicklungsziele ab. Sie ist jedoch wesentlich weiter gefasst als diese und richtet sich an alle Staaten der Weltgemeinschaft.[27]

Die Ziele der Agenda 2030 verbinden erstmals die Bekämpfung der Armut mit dem Prinzip der Nachhaltigkeit. Die drei Dimensionen der nachhaltigen Entwicklung, ökonomisch, ökologisch und soziale Entwicklung werden gleichrangig betrachtet und integriert.[28]

Der Begriff Nachhaltigkeit wurde bereits im 18. Jahrhundert in der Forstwirtschaft verwendet. Als steigender Bedarf zu zunehmender Abholzung führte, wurde unter diesem Begriff dafür gesorgt, dass nicht mehr Bäume gefällt wurden, als nachwachsen konnten. Aktuell hat der Begriff ‚Nachhaltige Entwicklung' eine weite Verbreitung gefunden in Verbindung mit verschiedenen Definitionsansätzen. Eine davon ist die Definition der Brundtland-Kommission von 1987: „Eine nachhaltige Entwicklung ist eine Entwicklung, die die Bedürfnisse der Gegenwart einlöst, ohne die Fähigkeit der künftigen Generationen, ihre Bedürfnisse zu erfüllen, zu beeinträchtigen."[29]

---

[27] Vgl. BMZ 2016a.

[28] Vgl. Vereinte Nationen 2015c, §2.

[29] Finkenstein-Wang 2004, S.222, vgl. auch Brunner 2007 S.1 und Brundtland u.a. 1990, S.55, Absatz 49.

3.1 Zielstellungen

Die Leitlinien für die Formulierung der 17 Entwicklungsziele umfassen fünf Bereichen des Lebens:

- Menschen (People): Armut und Hunger beenden und Ungleichheiten bekämpfen, Selbstbestimmung der Menschen stärken, Geschlechtergerechtigkeit und ein gutes und gesundes Leben für alle sichern
- Planet (Planet): Ökologische Grenzen der Erde respektieren; Klimawandel bekämpfen, natürliche Lebensgrundlagen bewahren und nachhaltig nutzen
- Wohlstand (Prosperity): Wohlstand für alle fördern und Lebensweisen weltweit nachhaltig gestalten
- Frieden (Peace): Menschenrechte schützen – Frieden, gute Regierungsführung und Zugang zur Justiz gewähren
- Partnerschaft (Partnership): eine globale Partnerschaft aufbauen[30]

Aus diesen Leitlinien wurden 17 Ziele formuliert (s. Anhang 1). Die Beseitigung von Armut und Hunger bilden dabei einen Schwerpunkt und wurden in die ersten beiden Ziele aufgenommen. Sie sind jedoch nicht mehr als ein Ziel erfasst, sondern wurden getrennt erstellt. Nach der Zielformulierung der Beseitigung von Armut als erstes Ziel, folgt die Formulierung der Zielstellung zur Beseitigung des Hungers in der 2. Zielstellung:

„Ziel 2: Den Hunger beenden, Ernährungssicherheit und eine bessere Ernährung erreichen und eine nachhaltige Landwirtschaft fördern"[31]

---

[30] Vgl. Vereinte Nationen 2015c, Präambel und BMZ 2016a.

[31] Vereinte Nationen 2015c.

Diese Zielstellung ist in 8 Unterziele aufgeteilt (s. Anhang 2).

Ernährungssicherheit ist z.B. dann gegeben, „wenn alle Mitglieder einer Gesellschaft jederzeit Zugang zu qualitativ und quantitativ ausreichenden Nahrungsmitteln haben. Diese Definition umfasst sowohl die ausreichende mengenmäßige Versorgung mit Nahrungsenergie (Kilokalorien (kcal) pro Person), als auch eine ausgewogene Versorgung mit Vitaminen und Mikronährstoffen. Wie viele kcal pro Person und Tag für diese so definierte Ernährungssicherheit notwendig sind, hängt von einer Reihe von Faktoren ab. Diese sind z.B. Körpergröße, Alter, Belastung, Gesundheitszustand, Klima, usw. Der Bedarf wird generell jedoch in einer Größenordnung von 2300 bis 2500 kcal pro Person und Tag gesehen."[32]

Die Ernährungssicherheit wird über vier Faktoren definiert. Diese sind Verfügbarkeit, Zugang, Nutzung und Stabilität. Zur Feststellung dieser Faktoren stellt die FAO eine Datenbank verschiedener Indikatoren zur Verfügung, die regelmäßig aktualisiert wird.[33]

3.2 Zeithorizont

Die Millenniumsziele waren für einen Zeitraum von 15 Jahren formuliert. Diesen Zeitraum greift die Agenda 2030 auf. Entsprechend ihrem Namen ist sie in ihren Zielstellungen auf ein Erreichen der Ziele bis 2030 ausgerichtet. Es gibt aber immer wieder Unterziele, die ein anderes Jahr der Zielstellung aufweisen. Manche Ziele sind z.B. an Vereinbarungen gekoppelt,

---

[32] Heidhues 2008, S. 1.
[33] Vgl. FAO 2016.

die bereits außerhalb der SDGs bestehen und haben den Zeitpunkt der Erreichung dieser Zielstellungen übernommen.

Andere Unterziele sind Voraussetzungen für die Erreichung weiterer Teilziele und darum in ihrer Umsetzung zeitlich früher geplant. Im Ziel 2 fällt darum der Punkt 2.5 auf, dessen Umsetzung bis 2020 geplant ist. Durch dieses Teilziel wird angestrebt, die Biodiversität von Saatgut, Pflanzen und Tieren zu erhalten. Durch die Unumkehrbarkeit des Aussterbens von Pflanzen und Tierarten ist die Erreichung dieses Zieles besonders dringlich. Die Vielfältigkeit der Nahrungsgrundlage bietet zudem eine Voraussetzung für die Beseitigung der Mangelernährung.[34]

3.3 Maßnahmen

Um den Hunger in der Welt zu beseitigen, müssen die Ursachen für den Hunger betrachtet und beseitigt werden. Ein wesentlicher Punkt dabei ist die Förderung von produktiver und nachhaltiger Landwirtschaft.[35]

Doch während für die Beseitigung des Hungers in den ersten 15 Jahren dieses Jahrtausends auf Produktionssteigerung von einigen wenigen Nahrungsmitteln gesetzt wurde, steht die Landwirtschaft jetzt vor der Herausforderung, Nahrungsmittel in ausreichender Menge zur Verfügung zu stellen, die auch die Versorgung mit Mikronährstoffen für alle Menschen gewährleistet.

[34] Vgl. Vereinte Nationen 2015c.
[35] Vgl. WFP 2016c.

Dazu bedarf es weitreichender Mechanismen, die von der Produktion über Transport und Handel bis hin zum Konsum ansetzen und Veränderungen bewirken.

3.3.1 Landwirtschaft

Gut ein Drittel der Weltbevölkerung hat ihre Erwerbs- und Existenzgrundlage in der Landwirtschaft. Mehr als 40 % aller Treibhausgasemissionen kommen direkt oder indirekt aus der Agrar-Lebensmittelproduktion, deren Verarbeitung, Transport, Verbrauch und Entsorgung. Die Ernährung ist insgesamt der wichtigste Wirtschaftszweig der Welt und damit auch ein Maßstab nachhaltiger Entwicklung.

Angeregt durch die Millenniumsziele initiierten die Weltbank und die Vereinten Nationen im Jahr 2003 einen internationalen wissenschaftlichen Prozess, um die Frage zu beantworten: „Wie können wir durch die Schaffung, Verbreitung und Nutzung von landwirtschaftlichem Wissen, Forschung und Technologie Hunger und Armut verringern, ländliche Existenz verbessern und gerechte, ökologisch, ökonomisch und sozial nachhaltige Entwicklung fördern?“[36]

Damit sollte für die Weltbank die Frage geklärt werden, wo und wie in die landwirtschaftliche Entwicklung der ärmsten Länder investiert werden soll, welcher Neuausrichtung die von ihr verwalteten internationalen Agrarforschungszentren bedürfen und welche Rolle die umstrittene Gentechnik bei der Bekämpfung des Hungers spielt.[37]

---

[36] Zukunftsstiftung Landwirtschaft 2013, S. 1.
[37] Vgl. Ebenda, S. 1 und Haerlin u.a. 2015a.

2008 wurde dieser Weltagrarbericht unterzeichnet. Seine Botschaft ist: „Weiter wie bisher ist keine Option". Der Titel des Berichtes lautet: „Landwirtschaft am Scheideweg". Beide Aussagen bekräftigen, dass ein Umdenken nötig ist, um den Herausforderungen der Zukunft in der Landwirtschaft gerecht zu werden. Dabei geht es eher um die Forderung „Genug statt mehr".[38]

Inzwischen markiert der Weltagrarbericht den Anfang des Umdenkens hin zu einem Paradigmenwechsel. Statt immer steigende Erträge anzustreben, geht es um Wachstum unter Berücksichtigung der Bedürfnisse natürlicher Ressourcen, um auch in Zukunft Erträge bringen zu können.[39]

2008 und 2011 gab es drastische Anstiege von Preisen für Agrarprodukte. Was für Produzenten in Industrienationen für eine Belebung des Agrarsektors sorgte, war eine Katastrophe für arme Länder und Menschen. Die Ursachen waren vielschichtig. Im Info-Brief des wissenschaftlichen Dienstes des Bundestages wurden 2008 von Helmut Göser acht Punkte genannt:

Nachfrageseite:

1. Steigende Nachfrage durch eine jährlich um 80 Mio. Menschen anwachsende Weltbevölkerung
2. Qualitative Veränderung der Nachfrage durch Einkommenszuwächse
3. Zuwächse in der Nachfrage nach Biokraftstoffen

Angebotsseite:

4. Abbau subventionierter Lagerhaltung
5. Einschränkung der Exporte aus Überschussländern

[38] Zukunftsstiftung Landwirtschaft 2013, S. 2, vgl. auch Haerlin u.a. 2015b.
[39] Vgl Zukunftsstiftung Landwirtschaft 2013, S. 22f.

6. Zurückfahren von Exportförderung wichtiger Anbieter im Hinblick auf einen mit der WHO für 2013 vereinbarten Stopp
7. Wetterbedingte Produktionsausfälle, Ausdehnung der Getreideflächen zu Lasten von Ölsaaten
8. Infolge von gestiegenen Rohölpreisen gestiegene Produktions- und Transportkosten, sowie gleichzeitige Flächenkonkurrenz energetisch verwertbarer Agrarprodukte zur Nahrungsmittelproduktion[40]

Landwirtschaftliche Produkte werden schon lange nicht mehr nur zur Deckung des Ernährungsbedarfes produziert. Die Aufteilung aus 2015 ist in Abbildung 1 zu sehen.

Abbildung 1

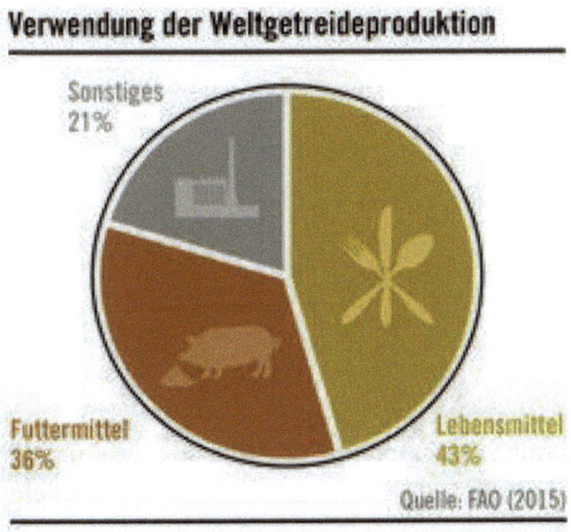

Im Vergleich zu früheren Angaben ist der prozentuale Anteil der Verwendung als Lebensmittel zurückgegangen (von 46 % in

[40] Vgl. Goeser 2008, S.7f.

2011), während die Verwendung als Futtermittel und Sonstiges gestiegen ist.[41]

Die Betrachtung des Marktmodells des Lebensmittelmarktes in Abbildung 2 zeigt, dass es theoretisch gesehen bei vollkommenem Markt selbst bei niedrigen Preisen eine unbefriedigte Nachfrage gibt. Dies sind die Menschen, die hungern, weil sie ihr Bedürfnis nach Nahrung aus finanziellen Gründen nicht befriedigen können.

Nur wenn der Preis so gering ist oder die Kaufkraft soweit gestärkt wurde, dass selbst bei sinkenden Preisen nicht mehr konsumiert werden kann, ist eine vollständige Beseitigung des Hungers erfolgt.

Abbildung 2

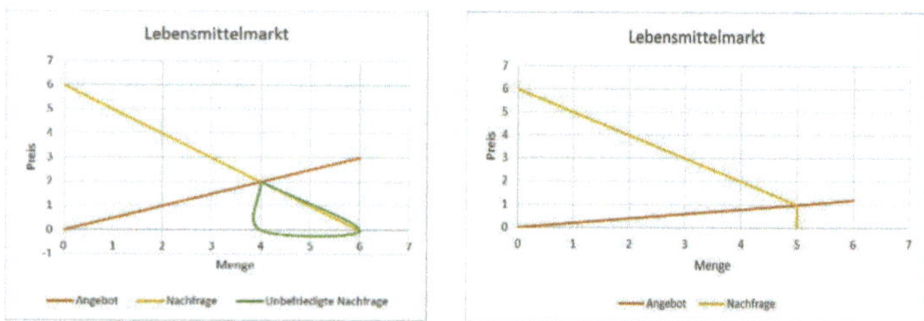

Quelle: eigene Darstellung

Für die Versorgung mit Mikronährstoffen ist die Versorgung mit den Grundnahrungsmitteln Reis, Mais und Weizen jedoch nicht ausreichend. Auch Maßnahmen zur Bekämpfung des Hungers in der Zeit der Verfolgung der Millenniumsziele haben zu Mangel an Mikronährstoffen geführt, der wieder behoben werden muss.

---

[41] Vgl. Zukunftsstiftung Landwirtschaft 2013, S. 4 und Haerlin u.a. 2015a.

Es reicht also nicht nur genug erschwingliche Nahrungsmittel zu produzieren, sie müssen auch vielfältig sein. Dabei gilt es nicht nur dem Mangel an Nahrung entgegen zu wirken. Die Einseitigkeit in ausreichender Ernährung, die in Industrienationen und inzwischen sogar in ärmeren Ländern zur Fettleibigkeit und dadurch zu gesundheitlichen Belastungen führt, ist ebenfalls ein ernsthaftes Problem. Der Schlüssel für die Beseitigung liegt in einem vielfältigen Anbau und Verbrauch von Pflanzen und anderen Produkten mit unterschiedlichen Inhaltsstoffen und deren schonende Verarbeitung.[42]

3.3.1.1 Produktionsmittel

Um Einflussfaktoren für die nötigen Veränderungen in der weltweiten Landwirtschaft genauer betrachten zu können, werden sie hier zuerst nach den Produktionsmitteln der Landwirtschaft unterteilt betrachtet.

3.3.1.1.1 Arbeit

Die Landwirtschaft ist noch immer ein relativ arbeitsintensiver Bereich. Dabei gibt es große Unterschiede nach Regionen. Während in den Industrienationen vielfältige Technik eingesetzt wird, wird in den armen Regionen der Welt noch viel in Handarbeit verrichtet. 70 % der hungernden Menschen leben auf dem Lande. Damit ist Hunger vor allem ein ländliches Problem und kann nur vor Ort nachhaltig überwunden werden.[43]

---

[42] Vgl. Zukunftsstiftung Landwirtschaft 2013, S. 7.
[43] Vgl. Ebenda, S. 4.

3.3.1.1.1.1 Hunger und Arbeit

Menschen, die zu wenig Nahrung aufnehmen, sind körperlich nicht in der Lage schwere Arbeit zu verrichten. Das hindert sie daran genügend Geld zu verdienen, um sich mehr Nahrung zu beschaffen und leistungsfähiger zu werden. Sie hängen in einem Kreislauf fest. Banerjee und Duflo haben durch die Ergebnisse ihrer Untersuchungen aufgezeigt, dass es möglich ist diesem Kreislauf zu durchbrechen. Oft fehlt jedoch das Wissen darüber, wie mit wenig Aufwand die Arbeitsfähigkeit gesteigert werden kann. Oder aber die Aussichten auf tatsächlich mehr Einkünfte werden so gering eingeschätzt, dass der Aufwand zum Erreichen nicht als lohnend angesehen wird.[44]

Der Weltagrarbericht sieht auch ökonomische Zwänge als Ursache für die Verschlechterung der Situation ländlicher Bevölkerung in armen Ländern. Die Landflucht führt die kräftigen Männer und jungen Leute in die Städte und lässt alte Menschen, Frauen und Kinder in schwierigen Situationen zurück. Krankheiten wie Aids, Malaria und Covid 19 rauben den Familien die Ernährer und belasten sie mit zusätzlichen Kosten. Die Vertreibung vom eigenen Boden führt in die Abhängigkeit von Lohnarbeit, die nur begrenzt verfügbar ist. Hunger ist jedoch nicht zwangsläufig die Ursache für fehlende Verdienstmöglichkeit und könnte darum durch geeignete Maßnahmen überwunden werden, z.B. durch Schaffung von Verdienstmöglichkeiten in ländlichen Regionen.[45]

[44] Vgl. Banerjee und Duflo 2011, S. 41ff.

[45] Vgl. Zukunftsstiftung Landwirtschaft 2013, S. 4.

3.3.1.1.1.2 Familienbetriebe

Familienbetriebe bieten die Keimzelle für eine bessere Versorgung vor Ort mit vielseitiger und ausgewogener Ernährung. Wie das funktionieren kann, zeigt ein Beispiel aus dem Süden Brasiliens. Dort wurde 1978 das Centro de Apoio ao Pequeno Agricultor (CAPA) als Beratungszentrum für Kleinbauern gegründet. Erstes Ziel war es, die Kleinbauern bei der Bearbeitung ihrer Flächen im biologischen Landbau zu beraten, um die Eigenversorgung sicher zu stellen.

Darüber hinaus produzierte Produkte wurden in regionalen Märkten angeboten und führten so zu weiteren Einnahmequellen. Den landesweiten Durchbruch dieses Modells brachte die Verpflichtung für die staatlich angebotenen Schulspeisung, Rohstoffe aus regionaler Produktion zu verarbeiten, wodurch ein weiterer Markt zu sicheren Einkommensmöglichkeiten verhalf.[46]

Die zuverlässige Versorgung in der Familie mit gesunder und abwechslungsreicher Nahrung ist die beste Voraussetzung für die nachfolgenden Generationen, um weitere Steigerungen des Familieneinkommens zu erreichen und ein sinnvolles und ausgefülltes Leben zu ermöglichen, Krankheiten vorzubeugen und einem frühzeitigen Tod zu begegnen.

In manchen Kulturen ist das Bewusstsein für die Folgen der Behandlung der Kinder heute und die Auswirkung auf deren Zukunft noch im Entstehen. Wie Banerjee und Duflo an ihren Untersuchungen z.B. in der Region von Udaipur in Indien herausfanden, werden Kinder oft nicht mit den nötigen

46 Vgl. Zukunftsstiftung Landwirtschaft 2013, S. 5.

Nährstoffen und Gesundheitsvorsorgen bedacht, auch wenn die Möglichkeit dazu bestände.[47]

Kinder sind lange Zeit billige Arbeitskräfte in der Landwirtschaft gewesen. In der Beseitigung von Kinderarbeit wurden zwar bereits große Fortschritte erzielt, es gibt jedoch noch immer viele Kinder, die auf Farmen und Plantagen arbeiten. In kleinbäuerlichen Familienbetrieben gehören Kinder oft fest zum Helferkreis in der Bearbeitung der Flächen. Hier ist es wichtig darauf hinzuwirken, dass diese Mithilfe ihre schulische Ausbildung nicht beeinträchtigt.[48]

Familienunternehmen können einen wesentlichen Beitrag zur Versorgung ihrer näheren Umgebung mit gesunder und abwechslungsreicher Nahrung leisten und sollten darum im Fokus der Bemühungen um Veränderung der Versorgungslage stehen.

3.3.1.1.1.3 Großunternehmen

Landwirtschaftliche Großunternehmen in Entwicklungsländern haben ihre Wurzeln oft in der Plantagenwirtschaft der Kolonialzeit. Auf großen Flächen wurden hochwertige Pflanzen angebaut, die in den Kolonialstaaten nicht oder nur in geringem Maße angebaut werden konnten, wie Kaffee, Tee, Gewürze. Nach dem Ende der Kolonialzeit sind viele Plantagen verstaatlicht worden, oder wurden privat weiter betrieben.

Landwirtschaftliche Großbetriebe leisten einen wichtigen Beitrag zur Versorgung der städtischen Bevölkerung und zur

---

[47] Vgl. Duflo 2013, S. 62ff.

[48] Vgl. UNICEF 2008.

Erzeugung von Exportgütern. Große Flächen sind die Voraussetzung für die Nutzung moderner Anbaumethoden und den Einsatz von Technik. Damit tragen landwirtschaftliche Großbetriebe wesentlich zur Steigerung der Nahrungsmittelproduktion bei.

Der Bedarf an Arbeitskräften und damit Verdienstmöglichkeit für die ländliche Bevölkerung ist jedoch geringer, je höher der Technisierungsgrad ist. Außerdem wird die Vielfalt der angebauten Pflanzen durch große Flächen sehr eingeschränkt. Somit leisten landwirtschaftliche Großbetriebe auch einen wesentlichen Beitrag zur Einseitigkeit der Ernährung und leisten der Mangelernährung damit Vorschub.[49]

In den Industrieländern ist diese Entwicklung ausgeprägter als in Entwicklungsländern, da in Entwicklungsländern die Handarbeit noch billiger ist als der Einsatz von Technik. Aber auch dort reicht die Arbeit in landwirtschaftlichen Großbetrieben nicht aus, um ausreichend Verdienstmöglichkeit für die ländliche Bevölkerung zu schaffen.[50]

3.3.1.1.2 Boden

In der Landwirtschaft kommt dem Produktionsmittel Boden besondere Bedeutung zu. Er ist sowohl die Basis für die Pflanzenproduktion, als auch die Grundlage für die Erzeugung von Nahrungsmitteln tierischen Ursprungs.

---

[49] Vgl. Paeger 2015.
[50] Vgl. Banerjee und Duflo 2011, S. 59f.

3.3.1.1.2.1 Bedarf

Eine von der Regionalwert AG Eichstätten, einer Aktiengesellschaft zur Stärkung der regionalen Ökonomie in der Region Freiburg, in Auftrag gegebene Studie ergab, dass pro Person in Deutschland für unsere Ernährungsgewohnheiten ca. 2500 m^2 landwirtschaftlich genutzter Fläche nötig ist. Diese Zahl beinhaltet sowohl die Anbaufläche für Gemüse, Getreide, Kartoffeln usw. als auch Weideland und Anbaufläche für Futtermittel für die Aufzucht von Nutztieren zur Produktion von tierischen Nahrungsmitteln wie Eier, Milch, Milchprodukte und Fleisch. Das Ergebnis dieser Studie war, dass für die derzeitigen Ernährungsgewohnheiten nicht genug Fläche in Deutschland zur Verfügung steht. Eine geänderte Ernährungsweise mit mehr pflanzlicher und weniger tierischer Nahrung würde den Bedarf an Fläche aber erheblich reduzieren.[51]

Ausgehend von einer Weltbevölkerung von derzeit ca. 8 Milliarden Menschen und einer landwirtschaftlich genutzten Fläche von derzeit weltweit ca. 49.225.745,9 km^2[52] stehen jedem Menschen ca. 6231 m^2 landwirtschaftliche Nutzfläche zur Verfügung. Das ist ein theoretischer Wert, der besagt, dass diese Fläche zur Deckung des Bedarfes an Nahrungsmitteln weltweit ausreicht. Bei mehr pflanzlicher Nahrung würde die Fläche in der Theorie auch für die dreifache Weltbevölkerung ausreichen.

---

[51] Vgl. Wakamiya 2011.

[52] Vgl. World Bank 2016a.

3.3.1.1.2.2 Verteilung

Ausgehend vom Bedarf an landwirtschaftlich genutzter Fläche pro Person ergibt die Auswertung der von der Weltbank zur Verfügung gestellten Daten folgende Aufteilung:

Tabelle 1 Landwirtschaftlich genutzte Fläche

Region	Landwirtschaftlich genutzte Fläche(km²)	Bevölkerung	Landwirtschaftlich genutzte Fläche pro Person(m²)
Sub-Saharan Africa (developing only)	10642434,5	2020657137	5266,82
East Asia & Pacific (developing only)	7639128,0	973402912	7847,86
Europe & Central Asia (developing only)	4217486,3	264350728	15954,13
Latin America & Caribbean (developing only)	5520645,0	525173404	10512,04
Middle East & North Africa (developing only)	1974282,4	357312867	5525,36
Gesamt	29993976,2	4140897048	7243,35
in Prozent	60,9	57,0	
Welt	49225745,9	7260710677	6779,74

Quelle: eigene Darstellung mit Daten der Weltbank 2016[53]

Damit ist in der Theorie nachgewiesen, dass die in den Entwicklungsländern regional zur Verfügung stehende Fläche ausreichend ist um die Bevölkerung mit genügend Nahrung zu versorgen. Auch wenn die Qualität des Bodens unterschiedlich ist und nicht überall die gleichen Mengen an Nahrungsmitteln je m² erzeugt werden können, erscheint der Puffer zum Bedarf an landwirtschaftlich genutzter Fläche pro Person ausreichend.

Anders sieht es jedoch aus, wenn man Flächen nicht berücksichtigt, die mit Pflanzen bebaut sind, die nicht jedes Jahr

---

[53] Vgl. landwirtschaftlich genutzte Fläche – World Bank 2016b, Bevölkerung – World Bank 2016c.

neu gepflanzt werden, wie Kaffee, Kakao, Gummi, aber auch Fruchtplantagen (Oliven, Zitronen, Orangen, Bananen), Blumensträucher und Weinanbau. Dadurch ist die verfügbare Fläche pro Person wesentlich reduziert und die Entwicklungsländer sinken teilweise unter den weltweiten Durchschnitt.

Tabelle 2 Kulturfähige Fläche

Region	Landwirtschaftlich genutzte Fläche(% der gesamten Fläche)	kulturfähiges Land(% der gesamten Fläche)	kulturfähige Fläche pro Person(m²)
Sub-Saharan Africa (developing only)	43,9	8,8	1055,76
East Asia & Pacific (developing only)	48,0	11,2	1831,17
Europe & Central Asia (developing only)	67,6	19,0	4484,15
Latin America & Caribbean (developing only)	35,7	8,1	2385,09
Middle East & North Africa (developing only)	22,8	5,7	1381,34
Gesamt	43,6	10,6	1754,35
Welt	37,7	10,9	1960,19

Quelle: eigene Darstellung mit Daten der Weltbank[54]

[54] Vgl. landwirtschaftlich genutzte Fläche(% der gesamten Fläche) – World Bank 2016d, kulturfähiges Land(% der gesamten Fläche) – World Bank 2016e.

3.3.1.1.2.3 Eigentumsverhältnisse

Der folgende Abschnitt folgt den Ausführungen von Haerlin u.a. und Goeser.[55] Eigentumsverhältnisse in ländlichen Gebieten nachzuweisen, ist besonders in Entwicklungsländern mit instabilen politischen Verhältnissen sehr schwierig. Ein Grundbuch mit Einträgen, an die sich gehalten wird, gibt es oft nicht. Land wird immer wieder mit politischer oder Waffengewalt den Eigentümern streitig gemacht.

In den letzten Jahren hat viel Land weltweit und besonders in den Entwicklungsländern den Eigentümer gewechselt. Mit steigenden Lebensmittel- und landwirtschaftlichen Rohstoff-preisen wurde Boden zum Spekulationsobjekt. Der Begriff, der in den letzten Jahren für diesen Vorgang geprägt wurde, ist Landgrabbing. Der Weltagrarbericht berichtet über dieses Problem, dass große Ausmaß angenommen hat. Die Absichten für den Ankauf von Land in großem Umfang sind nicht immer so schlecht, wie es der Begriff impliziert.

Teilweise wird Land aufgekauft, um es dem Umweltschutz zu erhalten, um Lebensmittel anzubauen, für Energiegewinnung und industrielle Nutzung. Die Nutzung zur Lebensmittel-gewinnung folgt jedoch nur ca. 10 % des Landerwerbs. Gekauft werden in der Regel gut erschlossene Gebiete und landwirtschaftlich genutzte Flächen. Damit ist auch die Aneignung von Wasserzugängen verbunden. Nicht immer folgt dem Kauf jedoch auch eine Nutzung. So wird der Boden zum Spekulationsobjekt.

---

[55] Vgl. Haerlin u.a. 2015c und Goeser 2011.

Abbildung 3

Großflächiger Landkauf und Pachtgeschäfte (in 1000 Hektar)

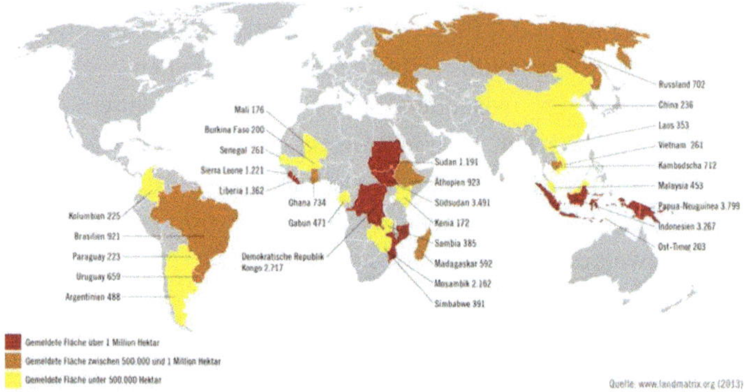

Der Ausschuss für Ernährungssicherung der Vereinten Nationen hat 2012 freiwillige Leitlinien für die verantwortungsvolle Verwaltung von Boden- und Landnutzungsrechten, Fischgründen und Wäldern erlassen. Auf Grund der Freiwilligkeit haben sie jedoch keinen verbindlichen Charakter und zeigen keine erkennbaren Auswirkungen.

An der Karte in Abbildung 3 zeigt sich, wo die Hauptbegehrlichkeiten beim Ankauf großer Bodenflächen liegen. Betroffen sind hauptsächlich Länder mit instabilen politischen Verhältnissen, die aber auch einen großen Anteil hungernder Bevölkerung aufweisen.

Eine unverzichtbare Voraussetzung dafür, dass bäuerliche Betriebe in die eigene Zukunft investieren können, sind jedoch sichere Pacht- und Eigentumsverhältnisse und vergleichbare Formen von Gemeinschaftseigentum, samt der entsprechenden

Wassernutzungsrechte. Damit sind sie die Grundlage aller nachhaltigen Entwicklung und Bodenbewirtschaftung.[56]

3.3.1.1.3 Kapital

Für eine erfolgreiche Landwirtschaft wird Kapital benötigt, sei es zum Anschaffen von Saatgut oder Düngemitteln, Pachten von Land, Anschaffen von Werkzeugen oder Bezahlen von Erntehelfern. Der Finanzbedarf unterscheidet sich nach Größe des Unternehmens, aber auch kleine Familienbetriebe kommen nicht ohne Investitionen aus. Für einen Bankkredit sind die benötigten Summen aber oft zu gering. Seit einiger Zeit haben sich darum Unternehmen und Organisationen auf die Vergabe von Kleinstkrediten spezialisiert.

3.3.1.1.3.1 Mikrofinanzierung

Der folgende Abschnitt folgt im Wesentlichen den Darstellungen von Banerjee und Duflo.[57] Mikrofinanzierung wurde zum Hoffnungsträger in der Beseitigung der weltweiten Armut. Einzelne Erfolgsbeispiele ließen die Erwartung zu, durch Mikrofinanzierung arme Menschen dazu zu bewegen, ihr Schicksal selbst in die Hand zu nehmen und zum Besseren zu wenden. Es gibt weltweit viele Beispiele von Anbietern von Kleinstkrediten.

Zunehmend befassten sich Forschungsprojekte mit der Evaluierung des Erfolges dieser Kleinstkreditvergaben. Banerjee

---

[56] Vgl. Haerlin u.a. 2015c und Goeser 2011.
[57] Vgl. Banerjee und Duflo 2011 und Duflo 2013.

und Duflo kamen zu dem Ergebnis, dass Mikrofinanzierung zwar seine Berechtigung im weltweiten Kampf gegen die Armut hat, aber kein Wundermittel ist.

Finanzierungssysteme gab es auch in der armen Bevölkerung weltweit schon vorher. Meist handelte es sich jedoch um Anleihen im Familien-, Freundes- oder Bekanntenkreis sowie ortsansässige Geldverleiher. Diese Finanzierungen sind jedoch mit extrem hohen Zinsen verbunden. Je ärmer ein Kreditnehmer ist, umso höher ist der Zinssatz beim Geld leihen. Dazu trägt bei, dass es so gut wie keine Sicherheiten gibt und das Ausfallrisiko mit abgedeckt werden muss.

Mikrofinanzinstitute bieten Kleinstkredite gegen erheblich geringere Zinsen an. Gegen das Ausfallrisiko wurden Strukturen entwickelt, wie Gruppenhaftung und gemeinschaftliche Rückzahlung zu bestimmten Zeiten. Trotzdem werden diese Kredite nicht in dem Maße angenommen, wie erhofft.

Dafür gibt es unterschiedliche Gründe. Geld über informelle Geldgeber zu leihen bietet trotz hoher Zinsen eine höhere Flexibilität, sei es in der Verwendung der Mittel, als auch in der Rückzahlung. Um größere Ausfallsicherheit zu gewährleisten, werden bei der Vergabe von Mikrokrediten strenge Vorgaben gemacht. Kommt es doch zu einem Ausfall ist das zumindest allen Gruppenmitgliedern bekannt.

Den Ärmsten der Armen, die keine Verdienstmöglichkeit haben und auch keine Verdienstmöglichkeit über einen Mikrokredit erlangen können, helfen Mikrokredite nicht weiter.[58]

---

[58] Vgl. Banerjee und Duflo 2011, S. 208ff.

Mikrofinanzierung bedeutet jedoch nicht nur das Gewähren von Krediten, sondern auch weitere Hilfen, wie z.B. Hilfe beim Sparen und zunehmend auch das Gewähren von Versicherungen.

Eine Studie zur Verwendung von Dünger in der Landwirtschaft hat z.B. ergeben, dass selbst Bauern, die durch kostenlose Bereitstellung von Düngemitteln von deren Ertragssteigerung überzeugt waren, nicht selbst zum Kauf und Einsatz von Düngemitteln bewegt wurden. Als Ursache stellte sich jedoch heraus, dass die Finanzmittel zum Kauf des Düngers nicht zur richtigen Zeit bereitstanden. Kurz nach der Ernte war das Geld da, gab es aber keinen Dünger mehr zu kaufen. Kurz vor der nächsten Aussaat war Dünger erhältlich, jedoch die Finanzmittel aufgebraucht. Esther Duflo entwickelte zusammen mit einigen anderen ein System, das den Bauern erlaubte, Gutscheine auf Dünger nach der Ernte zu kaufen und sie zu einem beliebigen Zeitpunkt einzusetzen. Dadurch konnte der Anteil von Bauern, die Dünger verwendeten, erheblich gesteigert werden.[59]

3.3.1.1.3.2 Makrofinanzierung

Ergänzend zur Mikrofinanzierung werden in den sich entwickelnden Ländern auch Finanzierungen für mittlere und große Unternehmen benötigt. In den meisten Ländern gibt es ein herkömmliches Bankensystem, das auch Großkredite gewährt. Nicht jeder Bewohner in ländlichen Gebieten ist ein potentieller Unternehmer. Gebraucht werden auch große Unternehmen, die in der Lage sind, Nahrungsmittel in Mengen zu produzieren, die zur Versorgung von Städten gebraucht werden, die Wissen ausbilden, ansammeln und weitergeben und Arbeitsplätze zur

[59] Vgl. Banerjee und Duflo 2011, S. 250ff.

Verfügung stellen. Mitunter reichen die landeseigenen Finanzierungsmittel nicht aus. Darum werden Investitionen aus Industrienationen in Entwicklungsländern benötigt, die nachhaltig für die Verbesserung der Bevölkerung eingesetzt werden.[60]

Ein Beispiel, wie effektiv so eine Investition sein kann, kommt aus dem Copenhagen consensus center. Im Aufsatz „Hunger and Malnutrition Assessment“ wird darauf aufmerksam gemacht, dass die Düngemittelproduktion weltweit von wenigen Industrienationen dominiert wird. Entwicklungsländer sind auf Importe angewiesen. Hoddinott schätzt, dass die Investition in eine Düngemittelfabrik mit einer jährlichen Produktionskapazität, die hoch genug ist ein 'Top-4'-Unternehmen in der Düngemittelproduktion zu werden, 1,2 Milliarden US$ in Südasien und 700 Millionen US$ in Afrika betragen würde. Der Netto-Barwert dieser Investition beträgt nach seiner Berechnung jedoch 12,5 Milliarden $.[61]

Ein weiteres Beispiel, wie Unternehmen die Wirtschaft in sich entwickelnden Ländern beeinflussen können, ist die Firma Stawi Foods and Fruits Limited aus Kenia. Ein junger Kenianer hat eine Firma ins Leben gerufen, die den Bananenfarmern im Umkreis ihre leicht verderbliche Ware zu fairen Preisen abkauft, trocknet und zu glutenfreiem Mehl und Babynahrung verarbeitet und vermarktet. Dadurch hat er Arbeitsplätze geschaffen und den Bananenfarmern zu einem höheren, zuverlässigen Einkommen verholfen.[62]

---

[60] Vgl. Delle 2014.

[61] Vgl. Third Copenhagen Consensus 2012.

[62] Vgl. Delle 2014 und Iwuoha 2013.

3.3.1.1.3.3 Entwicklungshilfe

Die Wirksamkeit von Entwicklungshilfe wird sehr kontrovers beurteilt und geht von absoluter Ablehnung und Forderung der Einstellung über die Einräumung von Fehlern in der Durchführung und Einsicht in die Notwendigkeit der Neuorganisation bis hin zur Forderung der Verdopplung der eingesetzten Beträge.

Wie bei allem sind auch hier unterschiedliche Aspekte zu betrachten. Humanitäre Hilfen in akuten Krisensituationen nach Umweltkatastrophen sind anders zu beurteilen als Einsätze in Kriegs- und Krisengebieten oder Hilfe in politisch stabilen, sich entwickelnden Ländern.

Hilfsgüter, die über eine notwendende Akutversorgung hinausgehen, können jedoch zu einem Faktor werden, der die einheimische Industrie und Landwirtschaft schwer schädigt. Kommen große Lieferungen an Reis oder anderen Grundnahrungsmitteln ins Land, können die einheimischen Bauern, die noch ausreichend zum Verkauf geerntet haben, ihre Waren nicht absetzen. Daraus folgt unter Umständen, dass sie im folgenden Jahr nicht in der Lage sind, Saatgut zu kaufen und wieder anzubauen. So werden sie zu Bedürftigen, statt zu Versorgern.[63]

Franz Nuscheler hat sich 2008 intensiv und kritisch mit der Wirksamkeit von Entwicklungszusammenarbeit auseinandergesetzt. Dabei handelt es sich um ein sehr vielschichtiges Problem, zu dem es keine einfache Lösung gibt. Ebenso gibt es auch keine pauschale Beurteilung in gut oder schlecht. Um Wirksamkeit zu erzielen, schlägt er verschiedene

---

[63] Vgl. Polman 2008, S. 7ff, aber auch Nuscheler 2008, S. 6.

Maßnahmen vor. Grundsätzlich gibt es eine moralische Verpflichtung der Industrieländer zu dieser Zusammenarbeit, die auch in der Formulierung der Entwicklungsziele quantifiziert wurde. Im Zusammenhang mit der Formulierung der Millenniumsziele war noch gefordert, dass 0,7 % des BIP aus den Industrieländern in die Entwicklungshilfe fließen sollte, damit Massenarmut überwunden werden kann.[64]

In der Formulierung der SDGs findet sich diese Forderung auch wieder unter dem Ziel 17.2. Zusätzlich werden 0,15 bis 0,2 Prozent des BIP für die am wenigsten entwickelten Länder gefordert.[65]

3.3.1.2 Saatgut

Eine wesentliche Voraussetzung für den Ernteertrag ist die Auswahl des Saatgutes. Um Lebensmittel zu produzieren, die nicht nur den Hunger stillen, sondern auch einer Mangelernährung entgegenwirken, kommt es nicht nur auf die Qualität des Saatgutes an, sondern auch auf die Auswahl der Pflanzenart. Monokulturen haben zu großen Ertragssteigerungen durch großflächigen Anbau und hohen Technisierungsgrad geführt. Dabei blieb der Gehalt an Mikronährstoffen aber oft unberücksichtigt.

[64] Vgl. Nuscheler 2008.

[65] Vgl. Vereinte Nationen 2015c.

3.3.1.2.1 Auswahl

Neben herkömmlich erzeugtem Saatgut gibt es zunehmend Hybrid- und gentechnisch verändertes Saatgut. Hybrid-Saatgut hat den Vorteil, dass es sehr ertragreich ist. Nachteil des Hybrid-Saatgutes ist, dass die Früchte nicht erneut zur Saatgutherstellung geeignet sind. Schon im Folgejahr bringen diese Saaten erheblich weniger Ertrag. Für Saatgutproduzenten hat dies eine ertragssteigernde Wirkung, für Landwirte bedeutet es jedes Jahr erneute Kosten. Die Entwicklung neuer Sorten ist langwierig und kostenintensiv. Nach der Entwicklung erfolgt ein Zulassungsverfahren, das regional unterschiedlich verläuft. Nur ein Teil der entwickelten Sorten erhält die Zulassung zum Vertrieb. Die zugelassenen Sorten stehen dann aber unter besonderem Schutz. So können Saatgutbetriebe ihre Kosten wieder ausgleichen. Da viele kleine und mittlere Saatgutbetriebe inzwischen von Konzernen aufgekauft wurden, konzentriert sich die weltweite Saatgutherstellung zum großen Teil in wenigen Konzernen. Dies geht Kritikern zu Folge auf Kosten der Sortenvielfalt vonstatten. Viele Sorten sind nur noch als Hybrid-Saatgut erhältlich. Es bleibt den Landwirten dann keine Wahl, sie müssen das Saatgut jedes Jahr neu kaufen. Diese Situation unterscheidet sich in Industrieländern nicht von der in Entwicklungsländern.[66]

Gentechnisch verändertes Saatgut unterliegt Patentrechten. Damit kann es auf möglichst profitable Weise eingesetzt werden, in Regionen, in denen es zugelassen ist. Im Unterschied zu Hybrid-Saatgut kann es jedoch auch zur Reproduktion von

---

[66] Vgl. Alnatura 2016.

Saatgut verwendet werden. Dazu sind die jeweils geltenden gesetzlichen Richtlinien zu beachten.[67]

Besonders umstritten war die Erzeugung von gentechnisch verändertem Reis, der mit Beta-Carotin angereichert ist und damit gegen Vitamin A Mangel eingesetzt werden soll. Vitamin A Mangel ist eine gravierende Mangelerscheinung, die häufig zum Tod oder zum Erblinden führen kann. Von Befürwortern wird der auf Grund seiner Farbe „Goldener Reis" genannte Reis als Mittel zur Rettung von vielen Menschenleben in den Entwicklungsländern gelobt.[68]

Kritiker sehen in ihm nur ein weiteres Mittel zur Steigerung der Abhängigkeit von Kleinbauern in Entwicklungsländern von einem Agrarkonzern und zur Steigerung dessen Profit, sowie die Gefahr weiterer Einschränkung der Sortenvielfalt.[69]

Da die Verwertbarkeit des Vitamins A im Körper nicht nur vom Vorkommen des Beta-Carotins in der Nahrung abhängt, sondern auch von Art und Menge der gleichzeitig zugeführten Fette[70], ist die Versorgung mit Beta-Carotin allein noch kein ausreichendes Mittel gegen Vitamin A Mangel.

Mangelernährung umfasst auch wesentlich mehr Mikronährstoffe. So erscheint nur die Ernährung mit ausreichender **und** abwechslungsreicher Nahrung eine sicherere Grundlage für eine Beseitigung von Hunger und Mangelernährung.

In Indien gibt es Bestrebungen, die Sortenvielfalt des Saatgutes zu erhalten und die Züchtungssouveränität der Kleinbauern zu stärken. Dies wurde auch durch entsprechende Gesetzgebung gestärkt. Beispielhaft ist die Saatgutbank von der indischen

---

[67] Vgl. Mayer 2015.
[68] Vgl. Mayer 2015, und Bartsch 2013.
[69] Vgl. Nadenau 2013.
[70] Vgl. DocMedicus Verlag 2016.

Wissenschaftlerin Vandana Shiva, in der 1000 verschieden Saaten lagern. Durch den Anbau von unterschiedlichen Pflanzen, die aus der Region kommen und von denen manche schon fast in Vergessenheit geraten waren, können Kleinbauern eine abwechslungsreiche Ernährung für ihre Familien sichern. Dadurch werden wieder Pflanzen populär, die reich an Mikronährstoffen sind und zu Unrecht in Vergessenheit gerieten, wie z.B. die Fingerhirse, die viel Kalzium, Eisen und Spurenelemente enthält.[71]

In Afrika gibt es unter der „Alliance for Food Sovereignty in Africa“ (AFSA) ähnliche Bestrebungen.[72] In den SDGs ist unter Punkt 2.5 die Erhaltung der Sorten und Artenvielfalt für Nutzpflanzen und Nutztierhaltung als Ziel formuliert. Die Entscheidung dafür, welche Pflanzen angebaut werden, sollte immer in der betreffenden Region getroffen werden.[73]

3.3.1.2.2 Markt

Der weltweite Saatgutmarkt wird im Wesentlichen von drei Firmen dominiert. Sie kontrollieren insgesamt 53 % (Stand 2013) des Marktes. Die 10 größten Firmen beherrschen insgesamt 74 % des weltweiten Saatgutmarktes mit steigender Tendenz. Die Konzernbildung in diesem Bereich führt zunehmend zur Einschränkung der Wahlfreiheit der Konsumenten und zieht Abhängigkeiten nach sich.

Das Bestreben der Konzerne geht dahin, immer mehr Hybrid-Saatgut zum Einsatz zu bringen. Für die Saatgutkonzerne

---

[71] Vgl. Brot für die Welt 2015 und Navdanya 2016.
[72] Vgl. AFSA 2016.
[73] Vgl. Vereinte Nationen 2015c.

generiert sich daraus regelmäßig wiederkehrender Umsatz. Für die Landwirtschaft bedeutet es Produktionssteigerungen, aber auch wachsende Einschränkungen in der Auswahl des Saatgutes und wiederkehrende Kosten.[74]

Ein funktionierender Saatgutmarkt ist eine der Voraussetzung für die Beendigung von Hunger und Mangelernährung in der Welt. Um Stadt- und Landbevölkerung gleichermaßen mit ausreichender und nährstoffhaltiger Nahrung zu versorgen, braucht es eine geschickte Mischung aus hochtragenden Hybridsorten und traditionellen Nahrungspflanzen aus der Region. Dabei spielen auch nichtkommerzielle Saatgutmärkte eine Rolle.[75]

Um der wachsenden Konzentrierung des Marktes in den Händen von immer weniger Firmen entgegen zu wirken, gibt es verschiedene Aktionsbündnisse. Eines davon ist ebenfalls von der indischen Wissenschaftlerin Vandana Shiva initiiert. Sie fordert die Freiheit des Saatgutes und versucht, vor allem unlauteren Praktiken zur Verbreitung von Hybrid- und gentechnisch verändertem Saatgut der Großkonzerne Einhalt zu gebieten.[76]

Mit einer breit angelegten Studie belegt sie die Reduzierung der Artenvielfalt mit Zahlen. So wurden beispielsweise einer Studie für die Vereinten Nationen zufolge, die Anzahl der verschiedenen Pflanzenarten, die zur Nahrungsgewinnung angebaut werden, von 7000 auf 150 reduziert. Reis, Mais und Weizen liefern bereits 60 % der Nahrung. In Sri Lanka gibt es von ursprünglich fast 2000 Reisvarianten nur noch weniger als 100. Im Interesse einer nährstoffreichen und gesunden Ernährung will sie diesem Trend entgegenwirken.[77]

---

[74] Vgl. Deutsche Wirtschafts Nachrichten 2013.
[75] Vgl. Haefliger 2016.
[76] Vgl. Navdanya 2021a
[77] Vgl. Navdanya 2021b

3.3.1.3 Wissen

Wissen und Erfahrung tragen wesentlich zu einer erfolgreichen Bewirtschaftung des Bodens bei. Dabei bildet das Wissen über moderne Anbaumethoden und traditionelle Überlieferungen einen reichen Schatz.

3.3.1.3.1 Moderne Technologien

Moderne Technologien werden vor allem in den Industrienationen zur Bearbeitung von großen Flächen eingesetzt. Sie tragen wesentlich zur Steigerung der globalen Agrarproduktion bei. Sowohl in kapitalistischen, als auch in sozialistischen Systemen hat sich diese Form der Landwirtschaft durchgesetzt. Hoch technologisierte Anbaumethoden, verbunden mit Hochleistungspflanzen, sowie der Einsatz von Dünger und Pflanzenschutzmitteln führen zu immer steigenden Erträgen. Da ein Wachstum vielfach nicht durch Ausweitung der Flächen erreicht werden kann, wurde es durch Intensivierung herbeigeführt.

Der Weltagrarbericht zeigt die Risiken dieser Bewirtschaftung auf, die er in Monokulturen, ausgelaugten und versalzenen Böden, gerodeten Wäldern, vergifteten Wasserläufen und Artensterben sieht. Gleichzeitig wird auf die Herausforderungen durch Klimawandel, schwindende Ölreserven und endliche Ressourcen von Süßwasser hingewiesen. Trotz Überproduktion werden die Bedürfnisse der Bevölkerung an ausreichender und ausgewogener Nahrung nicht erfüllt. Die Folgen sind nicht nur Unterernährung, sondern auch zunehmend krankhafte Überernährung.

Vom Weltagrarbericht wird darum ein Paradigmenwechsel hin zur Stärkung von kleinbäuerlichen, arbeitsintensiveren und auf Artenvielfalt ausgerichtete Strukturen gefordert. Dies ist nicht als Rückschritt zu traditionellen Formen gedacht. Moderne Erkenntnisse über gesundheits- und umweltschädliche Praktiken sollen verbunden werden mit dem traditionellen Wissen und Erfahrungen, um leistungsstarke Bewirtschaftungsformen in kleinbäuerlichen Strukturen herauszubilden.[78]

Im Interesse von Nahrungssicherheit und ausgewogener Ernährung ist auch in den Industrienationen ein Umdenken erforderlich. Die Strukturen sind in diesen Ländern, im Unterschied zu Entwicklungsländern, aber schon auf großflächige Monokulturen festgelegt und ein Wechsel zu anderen Strukturen schwerer durchführbar. Im Verhältnis zu sich entwickelnden Regionen dieser Erde, wo noch zum Teil weit über 40 % der Bevölkerung in der Landwirtschaft tätig sind, liegt dieser Prozentsatz in den Industrieländern unter 5%.[79] Dadurch fehlt einem Großteil der Bevölkerung die Erfahrung und Bereitschaft, in Kleinbäuerlicher Landwirtschaft tätig zu werden.

Trotzdem ist auch hier ein Umdenken nötig. Zum Beispiel beruht vor den Toren Magdeburgs, in der Börde, der ganze Stolz einer Region noch auf einem landwirtschaftlichen Produkt, dass von modernen Ernährungswissenschaftlern in großen Mengen als ungesund, ja geradezu giftig für den menschlichen Organismus bezeichnet wird, dem Zucker, gewonnen aus der Zuckerrübe.[80]

Die Zuckerverarbeitende Industrie in Deutschland hält dagegen, dass der Verbrauch von Zucker hier nicht gestiegen ist bei gleichzeitig angestiegener Rate an übergewichtigen Menschen in Deutschland. Damit hält sie den Erweis für erbracht, dass der

[78] Vgl. Zukunftsstiftung Landwirtschaft 2013, S.23f.
[79] Vgl. Ebenda, S23.
[80] Vgl. z.B. Munker 2014.

Konsum von Zucker nicht die Ursache ist. Umstritten ist die Rolle des Verzehrs von Fetten in der Nahrung. Während amerikanische Wissenschaftler davon ausgehen, dass durch die Reduzierung von Fett in der Nahrung der Zuckerkonsum anstieg und damit verbunden das Übergewicht in der Bevölkerung steigende Ausmaße annahm, schieben Vertreter der Zuckerlobby die Zunahme an Übergewicht in Deutschland auf zu viel Fett in der Nahrung. In einer Aktualisierung ihrer Positionierung 2021 wird immerhin zugegeben, dass die Ursache von Fettleibigkeit in der Kalorienbilanz liegt, zu der Zucker und Fett gleichermaßen einen Beitrag leisten.[81]

Zwischen den beiden extremen Positionen gibt es eine Bandbreite weiterer Positionierungen. Von der Deutschen Gesellschaft für Ernährung e.V. wird empfohlen, Zucker nur selten und in geringen Mengen zu konsumieren.[82] Wenn sich jedoch Verbraucher in breiter Masse gegen den Konsum von Zucker entscheiden würden, könnte ein ganzer Industriezweig in Schieflage geraten. Dem könnte vorgebeugt werden, z.B. durch Besinnung auf andere Kulturpflanzen und nährstofferhaltende Verarbeitungsmethoden. Die Zuckerrübe kann auch zur Herstellung von Verpackung und Biokraftstoff verwendet werden. Die aktuellen wirtschaftlichen Entwicklungen in der Branche stellen diese Verwendungsmöglichkeit zunehmend in den Fokus.[83]

Es reicht also nicht, Wissen über moderne Technologien zu haben und zu teilen. Dieses Wissen muss immer wieder auf dem Hintergrund aktueller wissenschaftlicher Erkenntnisse auch anderer Fachgebiete hinterfragt und weiterentwickelt werden. Neue Herausforderungen und unterschiedliche Bedingungen,

---

[81] Vgl. Wirtschaftliche Vereinigung Zucker e.V. 2021.
[82] Vgl. Deutsche Gesellschaft für Ernährung e.V. 2022.
[83] Vgl. Wirtschaftliche Vereinigung Zucker e.V. 2019.

wie sie in den zu entwickelnden Regionen der Erde und in den Industrienationen vorliegen, erfordern auch immer wieder die Entwicklung neuer Technologien.

3.3.1.3.2 Traditionelles Wissen

Viel traditionelles Wissen über Pflanzen, Anbau und Verarbeitung ist schon verloren gegangen und Erfahrungen, die in einer Region gemacht wurden, lassen sich nicht immer auch auf eine andere Region übertragen. So lassen sich auch Entwicklungsprogramme und Projekte, sowie Erfahrungen daraus, nicht immer übertragen. Oft sind es Frauen, die das traditionelle Wissen über den Wert und den Nutzen von Pflanzen und Tieren für die Ernährung und die Gesundheit besitzen. Darum werden Frauen auch immer wieder in den Fokus von Entwicklungsprojekten gestellt.[84] Projekte wie die Saatgutbank von Vandana Shiva sammeln dieses Wissen und machen es für die Allgemeinheit verfügbar.[85]

Ein Beispiel aus Kenia ist die NGO Sustainable Agriculture Development Programm (SACDEP), die ein Ausbildungsprogramm für Kleinbäuerinnen aufbaute. Erfahrungen werden weitergegeben und Wissen vermittelt über organischen Landbau, Kompostieren und natürlichen Pflanzenschutz. Die Wissensvermittlung und der Erfahrungsaustausch erfolgen in Selbsthilfegruppen von 30 bis 40 Personen. An „offenen Feldtagen“ öffnen erfolgreiche Kleinbauern ihre Farmen für Besucher. Daraus wurde ein Lehrprogramm entwickelt, dass auch am ersten

[84] Vgl. Zukunftsstiftung Landwirtschaft 2013, S. 22f.
[85] Vgl. Navdanya 2022.

College für nachhaltige Landwirtschaft in Ostafrika gelehrt werden soll.[86]

Es geht also um das Zusammenspiel von traditionellem und lokalem Wissen und Kulturen, verbunden mit Erkenntnissen und Methoden moderner Wissenschaft. Die Stärke von Agrarökologischen Konzepten liegt in der Verbindung von Ökologie, Biologie, Agrarwissenschaften, Ernährungswissenschaft, Medizin und Sozialwissenschaften und der Einbeziehung des Wissens aller Beteiligten. Der Weltagrarbericht beschreibt eine Fülle von Beispielen gelungener agrarökonomischer Anpassungen und deren Potential zur Steigerung von Erträgen unter Schonung von Ressourcen, Verbesserung von Gesundheit, Wohlstand und Widerstandsfähigkeit und zur Belebung der örtlichen Wirtschaft.[87]

3.3.2 Zugang zu Lebensmitteln

Kleinbäuerliche Produktionsbetriebe produzieren in erster Linie für den eigenen Bedarf. Da 70% der hungernden Menschen in ländlichen Regionen wohnen, wird durch die Stärkung kleinbäuerlicher Strukturen schon vielen Menschen eine Verbesserung der Ernährungssituation ermöglicht. Darüber hinaus gibt es aber den Bedarf, auch weitere Bevölkerungsschichten mit ausreichender und abwechslungsreicher Nahrung zu versorgen. Die Beispiele erfolgreicher kleinbäuerlicher Landwirtschaft des Weltagrarberichtes zeigen, dass große Potentiale bestehen, über diesen Eigenbedarf hinaus zu produzieren und landwirtschaftliche Produkte zu verkaufen. Hier tritt der Bedarf an Lagermöglichkeiten und Vertriebswegen auf.

---

[86] Vgl. Zukunftsstiftung Landwirtschaft 2013, S. 25.
[87] Vgl. Ebenda, S. 22ff.

Um auch die nicht in der Landwirtschaft tätige Bevölkerung zu erreichen, bedarf es der Märkte.[88]

3.3.2.1 Märkte

Im Hunger and Malnutrition Assessment von Hoddinott, Rosegrant und Torero wird vorgeschlagen die Lebensmittelproduktion zu steigern, damit die Preise sinken und dadurch auch arme Menschen Zugang zu Lebensmitteln bekommen.[89]

Dem stehen jedoch die Untersuchungen von Bunerjee und Duflo entgegen, dass sinkende Lebensmittelpreise bei Grundnahrungsmitteln nicht zu mehr Verbrauch von preiswerten Lebensmitteln führen, sondern eher das Gegenteil bewirken. Es werden die durch sinkende Preise bei den Grundnahrungsmitteln eingesparten Gelder nicht für mehr preiswerte Grundnahrungsmittel ausgegeben und damit die Versorgung mit Kalorien erhöht, sondern besser schmeckende Nahrung gekauft und dadurch die Kalorienzufuhr eher noch reduziert. Die besser schmeckende Nahrung bedeutet aber nicht gleichzeitig eine vermehrte Zufuhr von Mikronährstoffen. Das Gegenteil ist eher der Fall.[90]

So gesehen zeigen billige Nahrungsmittel die Eigenschaften eines Giffen-Guts. Es genügt also nicht, mehr zu produzieren und damit die Preise zu senken, um den Hunger in der Welt zu bekämpfen. Niedrige Preise bei Grundnahrungsmitteln wären nur dann sinnvoll, wenn sie dazu führen würden, dass Substitute gekauft werden, die nahrhafter sind und zu mehr Kalorienzufuhr führen. Damit diese Substitute gekauft werden, müssen sie

---

[88] Vgl. Zukunftsstiftung Landwirtschaft 2013, S. 4ff.
[89] Vgl. Third Copenhagen Consensus 2012.
[90] Vgl. Banerjee und Duflo 2011, S. 42f.

zugleich aber auch schmackhafter sein, als die Grundnahrungsmittel.

Banerjee und Duflo führen ein Beispiel an aus den Jahren 1966/1967, als der Reispreis drastisch anstieg. Der Regierungschef des indischen Bundesstaates Westbengalen schlug der Bevölkerung vor, mehr Gemüse zu essen als Reis, das wäre billiger und zugleich auch gesünder. Darauf brach ein Sturm der Entrüstung los und wo immer er in der folgenden Zeit auftauchte, wurde er von protestierenden Menschen mit Gemüsegirlanden empfangen.[91]

Abgesehen von akuten Hungersnöten auf Grund z.B. von Kriegen und Katastrophen ist es keine Frage des Geldes, dass arme Menschen zu wenig essen. Banerjee und Duflo weisen nach, dass es auch möglich ist, mit viel weniger als einem US$ pro Tag genug Kalorien zu kaufen. Sie zeigen auch verschiedene preiswerte Methoden auf, sich mit Mikronährstoffen besser zu versorgen. Trotzdem werden diese Möglichkeiten oft nicht wahrgenommen.[92]

Dafür haben sie verschiedene Ursachen gefunden. Eine ist das fehlende Wissen über bessere Nährstoffzufuhr und deren Auswirkung, eine weitere ist der Blick auf heute. Ein gut schmeckendes Essen, auch wenn es nicht wirklich gesund ist, verbessert die Situation heute. Was sich aus einer bewussten und ausgewogenen Ernährung in Zukunft für Vorteile ergeben ist unsicher und weit weg. Außerdem gibt es in vielen Kulturen starke Konkurrenz, wofür selbst arme Menschen Geld ausgeben möchten, wie z.B. traditionelle Hochzeiten oder Begräbnisse. Das Geld dafür sparen sie dann auch an der Nahrung.[93]

---

[91] Vgl. Banerjee und Duflo 2011, S. 56.
[92] Vgl. Ebenda, S. 45.
[93] Vgl. Ebenda, S. 55ff.

Die Frage ist also, wie muss ein Markt gestaltet sein, damit arme Menschen Lebensmittel kaufen, die ihre Ernährungssituation verbessern?

Mehr Reis, Mais und Weizen zu produzieren ist demnach nicht die richtige Lösung. Es sollten immer ausreichende Mengen davon zur Verfügung stehen, um den Bedarf zu decken. Auch Reserven für Hungersnöte und Katastrophen sind wichtig.

Für eine Beseitigung von Hunger und Mangelernährung bedarf es jedoch weiterer Maßnahmen. Paradoxerweise scheint es sinnvoll zu sein, mehr Grundnahrungsmittel wie Reis, Mais und Weizen zu produzieren, damit die Preise fallen und weniger davon gekauft wird, gleichzeitig aber die Preise von gesunden Nahrungsmitteln anzuheben und sie in schmackhafteren Verarbeitungsstufen anzubieten, verbunden mit dem Wissen über Zubereitungsmethoden, die den Nährwert erhalten und den Geschmack verbessern.

3.3.2.2 *Zuteilung*

Die Mehrheit der armen Menschen dieser Welt sind laut Banerjee und Duflo in der Lage, Lebensmittel zu kaufen. Es sind genügend Nahrungsmittel vorhanden, der Zugang zum Markt ist gewährleistet, und auch genügend billige Nahrungsmittel stehen zur Verfügung.

Es gibt jedoch auch Situationen, in denen Menschen nicht mehr in der Lage sind, Lebensmittel zu kaufen. Diesen humanitären Katastrophen zu begegnen, gibt es unzählige Hilfsorganisationen. Diese Hilfe ist dringend nötig. Banerjee und Duflo führen eine Untersuchung an, die besagt, dass noch in den 1980iger

Jahren Nahrungsmittelknappheit zu Hungersnöten geführt hat, während an anderen Orten Nahrungsmittel gehortet wurden.[94]

Inzwischen ist die Zahl der Hilfsorganisationen stark angestiegen und ihr Einsatz wird nicht mehr nur positiv gesehen. Besonders die Lieferung von Hilfsgütern bei humanitären Katastrophen in Folge von kriegerischen Auseinandersetzungen wird teilweise kritisch bewertet. Bemängelt wird dabei, dass die Lieferung von Hilfsgütern den Konflikt in die Länge zieht. Die aktuellen kriegerischen Auseinandersetzungen in der Welt sind in der Regel Bürgerkriege. Hilfsgüter erreichen die bedürftigen Menschen oft erst, nachdem eine der kriegerischen Parteien einen Anteil davon einbehalten hat, um die eigenen Leute zu versorgen. Somit wird das Prinzip der Unparteilichkeit bei der Versorgung mit humanitären Hilfsgütern immer schwerer durchsetzbar. Beobachtet wird auch, dass übrig gebliebene Hilfsgüter auf die Märkte der angrenzenden Regionen gelangen und zu niedrigen Preisen verkauft werden. Dadurch werden einheimische Produzenten in ihren Verdienstmöglichkeiten beeinträchtigt und im schlimmsten Fall ruiniert. Das hat dann wieder Folgen für die Eigenversorgung in der Zeit nach den Krisensituationen, wenn die Belieferung mit Hilfsgütern wieder eingestellt wird.[95]

3.3.3 Gesunde Ernährung

Der Schlüssel für die Beseitigung von Hunger und Mangelernährung ist also eine ausreichende, ausgewogene und gesunde Ernährung. Nicht nur ausreichend Kalorien müssen täglich verzehrt werden, auch Mineralstoffe und Spurenelemente

[94] Vgl. Banerjee und Duflo 2011, S.45ff.

[95] Vgl. Polman 2008, S. 7ff, aber auch Nuscheler 2008, S. 6.

sind für ein gesundes Leben nötig. Darüber, wie diese Ernährung auszusehen hat, gibt es unterschiedliche Ansichten. In verschiedenen Regionen der Welt gibt es unterschiedliche Einstellungen, teilweise auch resultierend aus den Traditionen.

3.3.3.1 Traditionen

Die derzeit weltweit am meisten angebauten Nahrungsmittel sind Reis, Mais und Weizen. Jedes dieser Nahrungsmittel hat seinen Ursprung in einer anderen Region dieser Welt. Demzufolge ist der Verzehr auch in unterschiedlichen Regionen unterschiedlich stark, auch wenn es inzwischen diese drei Nahrungsmittel fast weltweit zu kaufen gibt.

Es gibt aber in jeder Region auch Nutzpflanzen, die an die lokalen Gegebenheiten angepasst sind und dem regionalen Nahrungsverhalten entsprechen. Manche dieser Nahrungspflanzen sind schon fast in Vergessenheit geraten. In unserer Region sind das z.B. alte Gemüsesorten wie Pastinaken oder Mangold. Derzeit findet eine Besinnung auf diese alten Sorten statt, auch verbunden mit einem Trend zu ökologischen Produkten.[96]

Diesem Trend folgt auch Verdana Shiva mit ihrer Organisation Navdanya in Indien. Sie hat die Bedeutung dieser Pflanzen für die Bekämpfung der Mangelernährung erkannt. Die Unterschiede zwischen den klimatischen Bedingungen machen eine regionale Betrachtung in der Entscheidung, welche Pflanzen angebaut werden sollten, unabdingbar. Pflanzen, die schon immer in der Region wachsen, bringen manche Eigenschaften

[96] Vgl. Brunner 2007, S 34.

schon mit, die Pflanzen aus anderen Regionen erst mühsam angezüchtet werden müssten.

Trotzdem gibt es auch Beispiele aus der Geschichte, wo Pflanzen aus weit entfernten Regionen der Welt zu einem festen Bestandteil der Speisekarte und zu einem Grundnahrungsmittel wurden. Banerjee und Duflo weisen in diesem Zusammenhang auf die Kartoffel hin, die aus Peru stammend, einen festen Platz auf europäischen Speisekarten erobert hat und laut einer Studie für ca. 12 % des globalen Bevölkerungswachstums zwischen 1700 und 1900 verantwortlich ist.[97]

3.3.3.2 Wissen

Eine wichtige Voraussetzung für die Entscheidung, gesunde und nährstoffreiche Nahrungsmittel auf den Speiseplan zu setzen, ist das Wissen über die Bestandteile der Nahrung und deren Auswirkung auf die Gesundheit. Dieses Wissen ist teilweise regional unabhängig, teilweise aber auch, z.B. auf die Pflanzen bezogen, regional unterschiedlich.

Wissensvermittlung spielt in der Bekämpfung von Hunger und Mangelernährung eine entscheidende Rolle. Darum sind Systeme gefragt, die Wissen sammeln und vermitteln. Das erfolgt vorwiegend von Mensch zu Mensch. Aber auch andere Medien sind zunehmend Informationsträger, auch in den armen Regionen der Welt.

So haben Banerjee und Duflo berichtet, dass selbst in entlegenen, armen Regionen in Marokko jeder einen Fernseher, eine

[97] Vgl. Banerjee und Duflo 2011, S. 45.

Satellitenschüssel und ein Handy besaß.[98] Das Handy-Netz ist in Afrika in vielen Regionen gut ausgebaut.[99] Auch die Anbindung an das Internet ist Weltweit im Fokus.[100]

Alle diese Medien können also auch dazu beitragen, das erforderliche Wissen zu vermitteln, um Hunger und Mangelernährung erfolgreich zu bekämpfen.

3.3.3.3 Vorlieben

Wissen allein genügt jedoch nicht. Grade aus den Studien von Banerjee und Duflo geht hervor, dass arme Menschen nicht immer das tun, was von wohlmeinenden Organisationen vorschlagen wird. Sie wählen ihr Essen nicht danach aus, wie nahrhaft oder preiswert es ist, sondern danach, wie gut es ihnen schmeckt. Darum setzen viele Projekte auf Maßnahmen, die nicht der Entscheidungsgewalt des Einzelnen unterliegen, wie z.B. Anreicherung des Essens in der Schulspeisung mit Mikronährstoffen.

Banerjee und Duflo führen auch das Beispiel von Antoine Parmentier an, einem Apotheker und Agronom aus dem 18. Jahrhundert, dem bekannt war, wie wichtig die breite Unterstützung der Massen bei der Einführung von etwas Neuem ist. Er war ein früher Fan der Kartoffel und brachte ein Kochbuch heraus mit Rezepten rund um die Kartoffel, die er selber ausgedacht hatte. Damit setzte er eine Entwicklung in Gang, die schließlich auch zur Erfindung der Pommes frites führte.[101]

---

[98] Vgl. Banerjee und Duflo 2011, S. 59f.

[99] Vgl. Delle 2014.

[100] Vgl. AFP 2007.

[101] Vgl. Banerjee und Duflo 2011, S.56f.

Ähnlicher Ideenreichtum ist heute erforderlich, um das Ernährungsverhalten in den armen Regionen dieser Erde zu beeinflussen. Gefragt sind da Menschen vor Ort, die die Gegebenheiten und Eigenarten der Bevölkerung kennen.

4. Folgerungen

Mit den Millenniumszielen und der Agenda 2030, sowie auch anderen etwa zeitgleich entstandenen Dokumenten, hat die Staatengemeinschaft nach dem Kalten Krieg versucht, einen Status quo fest zu schreiben, hinter den in der Entwicklung der Menschheit nicht mehr zurückgewichen wird. Menschlichkeit, gemeinsame Verantwortung und Rücksichtnahme sollten zu einem Fortschritt führen, der das Leben aller Menschen auf diesem Planeten positiv beeinflusst.

Die aktuellen, weltweiten politischen Entwicklungen und besonders der Krieg in der Ukraine zeigen, dass die Staatengemeinschafft mit ihrem Versuch gescheitert ist. Dennoch sollten alle verbliebenen Kräfte gebündelt werden, um zu erreichen, was irgendwie zu erreichen geht. Die Agenda 2030 hat nichts an Aktualität verloren. Jedes ihrer Ziele ist es wert, mit allen möglichen Anstrengungen verfolgt zu werden. So steht es vor allem auch mit der Beseitigung des Hungers in der Welt.

4.1 Voraussetzungen und Rahmenbedingungen

In der Literatur wird immer wieder die Rolle der Frauen bei der Bekämpfung von Hunger in der Welt hervorgehoben. Sie versorgen die Familien oft mit Lebensmitteln aus eigenem diversifiziertem Anbau aus Hausgärten verbunden mit Kleintierhaltung. Ihre Stärken liegen demnach in einer kooperativen und umsichtigen Lebensmittelproduktion, -verarbeitung und -versorgung, die Risiken minimiert. Die Industrialisierung der Landwirtschaft ist dagegen eher eine männliche Domäne. Aus Sicht des Weltagrarberichtes ist darum die Qualifizierung, Beratung und agrartechnische Ausbildung von Frauen ein Schwerpunkt zukünftiger Entwicklung. In vielen Regionen lastet die Verantwortung auf Frauen, weil Männer durch kriegerische Auseinandersetzungen, Abwanderung in die Städte und Krankheiten, wie AIDS, nicht mehr verfügbar sind.[102]

Ein aktuelles Beispiel ist Ruanda. In diesem Land sind durch den Völkermord 1994 viele Männer umgebracht worden. Darum blieb den Frauen nichts anderes übrig, als Verantwortung zu übernehmen. So sind dort fast die Hälfte aller Unternehmen in der Hand von Frauen. Die Mehrheit der Abgeordneten im Parlament ist weiblich. Trotzdem ist die Rolle der Frau in der Familie noch immer von traditionellen Verhaltensmustern geprägt. Es wird noch viel Zeit brauchen, bis es da Veränderungen in der Kultur gibt.[103]

Ein weiterer Punkt, der sich weltweit negativ auf Wirtschaft und Politik, Entwicklungszusammenarbeit und die Situation der armen Menschen in der Welt auswirkt, ist Korruption. In der Entwicklungspolitik wurde darum auch der Zusammenhang der Hilfe mit „Good governance" gefordert.[104]

Ernährungssicherheit kann nur regional erwirkt werden. Das gilt weltweit. Der Weltagrarbericht hat dafür den Begriff Ernährungssouveränität geprägt.[105] In Deutschland hat die Regionalwert AG 10 Thesen formuliert, die so aber auch weltweit Geltung haben, sowohl für Industrieländer als auch für Schwellen- und Entwicklungsländer.[106] Ernährungssicherheit und nachhaltige Ernährung sind auch in Europa Thema.[107]

---

[102] Vgl. Zukunftsstiftung Landwirtschaft 2013 S. 24.
[103] Vgl. Schimansky 2014.
[104] Vgl. Nuscheler 2008, S. 25f.
[105] Vgl. Zukunftsstiftung Landwirtschaft 2013, S. 15.
[106] Vgl. Regionalwert AG 2014.
[107] Vgl. Brunner 2005.

Saatgutfreiheit ist nicht nur eine Forderung aus Entwicklungsländern. In der Magdeburger Volksstimme vom Freitag, den 08.April 2016, findet sich ein Artikel über 80 000 Landwirte in Deutschland, die ein Schreiben von der Saatgut-Treuhandgesellschaft bekommen haben, in dem sie aufgefordert wurden, zurückbehaltene Ernteerträge, die zur Nachsaat verwendet wurden, zu melden und Gebühren dafür zu entrichten. Jahrhundertelang war diese Form der Nachsaat für Bauern überall in der Welt kostenlos. Darum rechnen viele Bauern nicht mit diesen Kosten. Der Zeitungsartikel weist darauf hin, dass es schwer ist, nachzuweisen, welches Saatgut für eine Aussaat verwendet wurde, da es allein bei Winterweizen 150 Sorten gibt.[108]

In einem Land, in dem das Rechtssystem, anders als bei uns, darauf ausgelegt ist, dass der Verursacher des Schadens nachweisen muss, dass er keinen Schaden angerichtet hat, haben Bauern also oft keine Chance, dies nachzuweisen und müssen zahlen, was durchaus den Ruin bedeuten kann.

Ein weiteres aktuelles Problem in der Welt ist der Terror. Er ist schwer zu bekämpfen und seine Auswirkungen auf die globale Zusammenarbeit und die Entwicklung der Situation von unzähligen armen Menschen in den zu entwickelnden Ländern und in Krisenregionen ist derzeit nicht abschätzbar.

4.2 Maßnahmen

Für die Beseitigung von Hunger und Mangelernährung gibt es keine Patentlösung. Es werden viele Maßnahmen nötig sein, um dieses Ziel zu erreichen. Die Herausforderungen der Zukunft

[108] Vgl. Volksstimme 08.April 2016 S.7.

werden darin liegen, die optimalen Verhältnisse der Maßnahmen zueinander zu finden und umzusetzen. Diese können jedoch von Region zu Region unterschiedlich sein.

Zur Versorgung der ländlichen Bevölkerung in den zu entwickelnden Ländern ist die Stärkung von kleinbäuerlichen Strukturen ein wesentlicher Bestandteil. Ohne industrielle Landwirtschaft wird es aber auf Dauer nicht möglich sein, auch die Bevölkerung in den Städten mit ausreichenden Lebensmitteln zu versorgen. Nachhaltigkeit in der Landwirtschaft lässt sich besser in kleinbäuerlichen Strukturen umsetzen. Hier gibt es die Möglichkeit, Kreisläufe zu etablieren, die ohne mineralische Düngung und chemischen Pflanzenschutz auskommen. Nachhaltigkeit ist aber ebenso eine Forderung an die industrialisierte Landwirtschaft.[109]

Die Mikrofinanzierung hat ihre Berechtigung zur Beseitigung von Armut. Es wird aber auch die Finanzierung von Mittel- und Großbetrieben gebraucht, um Arbeitsplätze und damit Einkommen zu schaffen.

Die Entscheidungshoheit über Maßnahmen und Projekte in den zu entwickelnden Staaten sollte gefördert und respektiert werden, ohne dadurch Machtmissbrauch und Korruption Vorschub zu leisten. Entwicklungszusammenarbeit sollte Werte in den zu entwickelnden Regionen schaffen, die nach Ablauf der Projekte weiterhin dort zur Verfügung stehen, und nicht wieder abgezogen werden, oder vorhandenes Potenzial zerstören. Collier führt als Beispiel dafür den Bau eines Hafens an, der dauerhaft als Infrastruktur dem geförderten Land zur Verfügung steht.[110]

---

109 Vgl. Ziche 2005.
110 Vgl. Collier 2007, S. 157.

Wenn einige Teilbereiche einer Maßnahme sich als unzureichend erweisen, bedeutet dies nicht, dass die Maßnahme an sich nicht hilfreich ist. Entwicklungshilfe z.B., die in dunklen Kanälen verschwindet oder mit dazu beiträgt, dass kriegerische Auseinandersetzungen in die Länge gezogen werden können, stellt nicht die Bedeutung der Entwicklungshilfe grundsätzlich in Frage. In diesem Fall gibt es Reformbestrebungen um den Missbrauch zu reduzieren.[111]

Hält eine Maßnahme nicht in vollem Umfang, was man sich anfangs von ihr versprochen hat, bedeutet das auch nicht immer, dass die Maßnahme an sich versagt hat, Beispiel ist hier die Mikrofinanzierung. Mitunter fehlt es dann an Instrumenten, die da einsetzen, wo diese Maßnahme ihre Grenzen hat.

In Tabelle 3 werden Maßnahmen aufgezeigt, die sich ergänzen, auch wenn sie sich scheinbar widersprechen. Sie sind verbunden mit Herausforderungen, die es bei der Durchführung dieser Maßnahmen zu bewältigen gilt.

---

[111] Vgl. Nuscheler 2008, S. 14ff.

Tabelle 3 Maßnahmen und Herausforderungen

Bereich	Maßnahmen		Herausforderungen
Landwirtschaft	Stärkung kleinbäuerlicher Strukturen	Investitionen in landwirtschaftliche Großbetriebe	Beides unter dem Gesichtspunkt nachhaltiger Landwirtschaft
	Förderung von Anbau nährstoffreicher Pflanzen zur Versorgung mit Mikronährstoffen	Förderung der Steigerung von Ernteerträgen bei Reis, Mais und Weizen	Hunger und Mangelernährung gleichzeitig bekämpfen
Eigentum an Grund und Boden	Zugang zu landwirtschaftlicher Nutzfläche besonders für die ländliche Bevölkerung in armen Ländern ermöglichen	Schutz der Regenwälder vor Abholzung und Verhinderung von Bodenerosion, Renaturierung geschädigter Flächen	landwirtschaftliche Nutzfläche ist nicht beliebig erweiterbar, Verhinderung von Spekulationen mit landwirtschaftlicher Nutzfläche
Finanzen	Mikrofinanzierung: Ausbau und Weiterführung vorhandener Konzepte	Makrofinanzierung: Entwicklungshilfe als Finanzierungskonzept für große Unternehmen	Schließen der Lücke zwischen beidem mit entsprechenden Kreditangeboten
Saatgutmärkte	Förderung von Saatgutbanken und regionalem Handel, Schutz von nichtkommerziellem Austausch	Erhalt von Unternehmens-strukturen, die in der Lage sind in Forschung und Entwicklung von Saatgut zu investieren	Unter ökologischen Gesichtspunkten und mit dem Ziel des Erhalts der Artenvielfalt
Ernährungs-souveränität	So viel Produkte aus der Region wie möglich	So viel Nahrungsimporte wie nötig	Ernährungssicherheit erhalten, bei schwankenden Ernten
Wissen	Erhalt von traditionellem Wissen, weitergeben und anwenden unter Berücksichtigung aktueller wissenschaftlicher Erkenntnisse	Expertenwissen und Technologien ausbauen und an neueste Forschungsergebnisse anpassen	Begrenztheit von Ressourcen einbeziehen
Lebensmittel märkte	Schutz von regionalen Märkten	Abbau von Subventionen und Zöllen um gleichberechtigte Voraussetzungen für alle Marktteilnehmer zu schaffen	negativer Einfluss globaler Märkte auf regionale Märkte

Bereich	Maßnahmen		Herausforderungen
Ernährung	Vorlieben in der Ernährung berücksichtigen	Verändertes, an vollwertiger Ernährung und Nachhaltigkeit ausgerichtetes Konsumverhalten fördern	Besondere Berücksichtigung der Bedürfnisse von Schwangeren, stillenden Müttern und Kleinkindern
	Beseitigung von Mangelernährung durch ausgewogene und vielseitige Ernährung	Ergänzende Maßnahmen aus der Gesundheitsvorsorge, z.B. durch Vitaminpräparate	Bereitschaft zur Teilnahme wecken

Quelle: eigene Darstellung

Ein ausgewogenes Verhältnis dieser Maßnahmen zu finden, ist eine der Voraussetzungen für ihren Erfolg. Es ist zugleich eine große Herausforderung, vor der alle Entscheidungsträger weltweit stehen.

4.3 Aussicht

Die Förderung der Landwirtschaft, der Zugang zu Lebensmitteln und das Wissen über eine ausgewogene Ernährung sind nur einige von vielen Voraussetzungen, um den Hunger und die Mangelernährung in der Welt zu beseitigen. Weitere Hürden, wie fehlende Infrastruktur, korrupte Systeme, Kriege, Terror und Naturkatastrophen müssen im Blick behalten und soweit, wie möglich, ausgeräumt werden. Damit befassen sich eingehend andere Ziele der Agenda 2030.

Hoddinott, Rosegrant und Torero gehen davon aus, dass im Jahr 2050 84 Prozent aller unterernährten Kinder in Südasien und in Afrika in der Region südlich der Sahara leben werden.[112] Diese

[112] Vgl. Hoddinott, Rosegrant und Torero 2012, S. 15.

Aussage impliziert, dass es auch dann noch hungernde Kinder auf der Erde geben wird. Gleichzeit sagen sie damit aus, dass in diesen Regionen der Hunger am schwersten zu besiegen ist.

Voraussetzung für diese Annahme ist, dass sich die restlichen Regionen dieser Welt so positiv entwickeln, wie es heute erwartet wird. Die Auswirkungen der Klimaveränderung und des neu aufkeimenden Terrorismus können heute noch nicht abgeschätzt werden. Ebenso hat sich z.B. durch den Ausbruch des Vulkans Bardarbunga 2014 in Island und die darauffolgenden Einschränkungen im Flugverkehr gezeigt, dass auch die westliche, industrialisierte Welt nicht vor Umweltkatastrophen geschützt ist und diese mitunter dramatische Auswirkungen haben können. Vor ganz neuen Herausforderungen stehen die Menschen auch weltweit durch die Corona Pandemie und den Krieg in der Ukraine.

Andererseits entwickelt sich der technische und technologische Fortschritt so rasant, dass auch auf diesem Gebiet nicht abzuschätzen ist, auf welchem Stand wir uns in 15 oder in 35 Jahren befinden.

Die Aussicht, den Hunger und die Mangelernährung bis 2030 zu besiegen, hängt von so vielen Faktoren ab, dass es schwerfällt, eine Vorhersage zu treffen. Fest steht aber, wenn nicht mit allen Kräften daran gearbeitet wird, dieses Ziel zu erreichen, kann nicht erreicht werden, was möglich ist.

Darum zählt jeder Schritt.

Agenda 2030

Die 17 Ziele Nachhaltiger Entwicklung bis 2030

Ziel 1: Armut in jeder Form und überall beenden

Ziel 2: Den Hunger beenden, Ernährungssicherheit und eine bessere Ernährung erreichen und eine nachhaltige Landwirtschaft fördern

Ziel 3: Ein gesundes Leben für alle Menschen jeden Alters gewährleisten und ihr Wohlergehen fördern

Ziel 4: Inklusive, gerechte und hochwertige Bildung gewährleisten und Möglichkeiten des lebenslangen Lernens für alle fördern

Ziel 5: Geschlechtergerechtigkeit und Selbstbestimmung für alle Frauen und Mädchen erreichen

Ziel 6: Verfügbarkeit und nachhaltige Bewirtschaftung von Wasser und Sanitärversorgung für alle gewährleisten

Ziel 7: Zugang zu bezahlbarer, verlässlicher, nachhaltiger und zeitgemäßer Energie für alle sichern

Ziel 8: Dauerhaftes, inklusives und nachhaltiges Wirtschaftswachstum, produktive Vollbeschäftigung und menschenwürdige Arbeit für alle fördern

Ziel 9:	Eine belastbare Infrastruktur aufbauen, inklusive und nachhaltige Industrialisierung fördern und Innovationen unterstützen
Ziel 10:	Ungleichheit innerhalb von und zwischen Staaten verringern
Ziel 11:	Städte und Siedlungen inklusiv, sicher, widerstandsfähig und nachhaltig machen
Ziel 12:	Für nachhaltige Konsum- und Produktionsmuster sorgen
Ziel 13:	Umgehend Maßnahmen zur Bekämpfung des Klimawandels und seiner Auswirkungen ergreifen
Ziel 14:	Ozeane, Meere und Meeresressourcen im Sinne einer nachhaltigen Entwicklung erhalten und nachhaltig nutzen
Ziel 15:	Landökosysteme schützen, wiederherstellen und ihre nachhaltige Nutzung fördern, Wälder nachhaltig bewirtschaften, Wüstenbildung bekämpfen, Bodenverschlechterung stoppen und umkehren und den Biodiversitätsverlust stoppen
Ziel 16:	Friedliche und inklusive Gesellschaften im Sinne einer nachhaltigen Entwicklung fördern, allen Menschen Zugang zur Justiz ermöglichen und effektive, rechenschaftspflichtige und inklusive Institutionen auf allen Ebenen aufbauen

Ziel 17: Umsetzungsmittel stärken und die globale Partnerschaft für nachhaltige Entwicklung wiederbeleben

(Forum Umwelt und Entwicklung 2015)

Agenda 2030

Ziel 2: Den Hunger beenden, Ernährungssicherheit und eine bessere Ernährung erreichen und eine nachhaltige Landwirtschaft fördern

2.1 Bis 2030, den Hunger beenden und für alle Menschen, insbesondere die Armen und Benachteiligten, eingeschlossen die Kinder, Zugang zu nahrhaftem und ausreichendem Essen das ganze Jahr über zu sichern.

2.2 Bis 2030, beenden aller Formen von Mangelernährung, unter anderem durch die Erreichung der international vereinbarten Ziele bis 2025 für schwache und unterentwickelte Kinder bis 5 Jahren, und in Bezug auf die Bedürfnisse von heranwachsenden Mädchen, schwangeren und stillenden Frauen und alten Menschen.

2.3 Bis 2030, verdoppeln der landwirtschaftlichen Produktivität und des Einkommens von lebensmittelliefernden Kleinbetrieben, insbesondere Frauen, indigene Bevölkerung, Familienbetriebe, Viehhalter und Fischer, einschließlich sicheren und gleichberechtigten Zugang zu Land, anderen Produktionsmitteln und Ressourcen, Wissen, finanziellen Mitteln, Märkten und Möglichkeiten der Wertsteigerung und nichtlandwirtschaftlicher Beschäftigung.

2.4 Bis 2030, sichern von nachhaltigen lebensmittelproduzierenden Systemen und einführen von belastbaren landwirtschaftlichen Methoden, die zur Steigerung der Produktion und der Produktivität beitragen, die helfen,

Ökosysteme zu erhalten, mit der Fähigkeit der Anpassung an den Klimawandel, Extremwetterlagen, Trockenzeiten, Fluten und andere Katastrophen und die zunehmend Land und Bodenqualität verbessern

2.5 Bis 2020, pflegen der genetischen Vielfalt von Samen, Kulturpflanzen, Nutztieren und deren verwandten Wildarten, unter anderem durch solide verwaltete und vielfältige Samen- und Pflanzenbanken auf nationaler, regionaler und internationaler Ebene, und Förderung des Zugangs zu, sowie ausgewogene und gerechte Aufteilung von Vorteilen aus der Nutzung der genetischen Ressourcen und dem damit verbundenem traditionellen Wissens, wie international vereinbart

2.a Investitionen erhöhen, unter anderem durch verstärkte internationale Zusammenarbeit, in die ländliche Infrastruktur, Agrarforschung und Beratungsstellen, Technologieentwicklung und pflanzliche und tierische Genbanken, um die landwirtschaftlichen Produktionskapazitäten in den Entwicklungsländern zu verbessern, insbesondere in den am wenigsten entwickelten Ländern

2.b Korrigieren und verhindern von Handelsbeschränkungen und Wettbewerbsverzerrungen auf den Agrarmärkten der Welt, unter anderem durch die gleichzeitige Beseitigung aller Formen von Agrarexportsubventionen und aller Exportmaßnahmen mit gleicher Wirkung, gemäß dem Mandat der Doha – Entwicklungsrunde

2.c Maßnahmen ergreifen zur Gewährleistung des reibungslosen Funktionierens von Lebensmittel-Rohstoffmärkten und ihrer Derivate, sowie den zeitnahen Zugang zu Marktinformationen und zu Lebensmittelreserven zu erleichtern und dadurch extreme Preisschwankungen zu begrenzen

(Vereinte Nationen 2015c, eigene Übersetzung)

Quellen:

AFP (2007): *UNO fordert bei Tagung Internet-Zugang auch in armen Ländern*, Rio de Janeiro, http://www.verivox.de/nachrichten/uno-fordert-bei-tagung-internet-zugang-auch-in-armen-laendern-21306.aspx

AFSA (2016): *What is AFSA?*, Africa, http://afsafrica.org/what-is-afsa/

Alnatura (2016): Das Sortenschutzgesetz, Bickenbach, http://www.vielfalterleben.info/das-sortenschutzgesetz/

Antwerpes, Dr. Frank (2007): *Hunger*, Köln, http://flexikon.doccheck.com/de/Hunger

Banerjee, Abhijit V. und Esther Duflo (2011): *POOR ECONOMICS. Plädoyer für ein neues Verständnis von Armut*, Knaus Verlag: Berlin, 1. Auflage

Bartsch, Juliane (2013): *Goldener Reis gegen globale Mangelernährung*, Berlin, http://www.fu-berlin.de/campusleben/lernen-und-lehren/2013/130409_goldener_reis/index.html

BMZ (2016): *Die Agenda 2030 für nachhaltige Entwicklung*, Bonn, http://www.bmz.de/de/ministerium/ziele/ziele/2030_agenda/index.html

Brot für die Welt (2015): *Indien: Vandana Shivas Saatgutbank schafft Perspektiven*, Berlin, https://www.brot-fuer-die-welt.de/projekte/projektliste/indien.html

Brundtland, Gro Harlem u.a. (1990): *Unsere gemeinsame Zukunft. Bericht der Weltkommission für Umwelt und Entwicklung*, Staatsverlag der DDR, 2. Auflage

Brunner, Karl-Michael und Gesa U. Schönberger(Hg.) (2005), *Nachhaltigkeit und Ernährung,* Campus Verlag, Frankfurt/Main,

Brunner, Dr. Karl-Michael (2007): Ernährungspraktiken und nachhaltige Entwicklung – eine Einführung, Brunner, Dr. Karl-

Michael u.a., *Ernährungsalltag im Wandel. Chancen für Nachhaltigkeit*, Springer Verlag: Wien, S. 1 - 36

Collier, Paul (2010): *Die unterste Milliarde. Warum die ärmsten Länder scheitern und was man dagegen tun kann*, Deutscher Taschenbuch Verlag: München, 1. Auflage

Deaton, Agnus and Olivier Dupriez (2011): Purchasing Power Parity Exchange Rates for the Global Poor, *American Economic Journal*: Applied Economics 3(April 2011): 137-166 http://www.aeaweb.org/articles.php?doi=10.1257/app.3.2.137

Deutsche Gesellschaft für Ernährung e.V. (2022): Vollwertig essen und trinken nach den 10 Regeln der DGE, Bonn, https://www.dge.de/ernaehrungspraxis/vollwertige-ernaehrung/10-regeln-der-dge/

Delle, Sangu (2014): *Ein Hoch auf Makro-Finanzierung in Afrika*, New York, https://www.ted.com/talks/sangu_delle_in_praise_of_macro_yes_macro_finance_in_africa/transcript?language=de

Deutsche Wirtschafts Nachrichten (2013): *Saatgut: Drei Konzerne bestimmen den Markt für Lebensmittel*, Berlin, http://deutsche-wirtschafts-nachrichten.de/2013/05/07/saatgut-drei-konzerne-bestimmen-den-markt-fuer-lebensmittel/

DocMedicus Verlag (2016): *Vitamin A*, Bad Münder, http://www.vitalstoff-lexikon.de/Vitamine-A-C-D-E-K/Vitamin-A/

Duflo, Esther (2013): *Kampf gegen die Armut*, Suhrkamp Verlag: Berlin, 1. Auflage

FAO (2016): *Food security indicators*, Rome, http://www.fao.org/economic/ess/ess-fs/ess-fadata/en/#.Vqug3lIV5Zp

FAO, IFAD and WFP (2015): *The State of Food Insequrity in the World 2015. Meeting the 2015 international hunger targets: taking stock of uneven progress*. Rome, FAO.

Finkenstein-Wang, Christiane v. und Michael Mesterham (2004): Nachhaltigkeitspolitik bei Volkswagen, Bass, Hans H. und Steffen

Melchers(Hg.), *Neue Instrumente zur sozialen und ökologischen Gestaltung der Globalisierung. Codes of Conduct, Sozialklauseln, nachhaltige Investmentfonds*, LIT Verlag: Münster, S. 216 – 242

Forum Umwelt und Entwicklung (2015): *Die Sustainable Development Goals (SDGs) und die Post-2015-Agenda*, Berlin, http://www.forumue.de/factsheet-die-sustainable-development-goals-sdgs-und-die-post-2015-agenda-ziele-fuer-armutsbekaempfung-inklusive-gesellschaften-und-umweltschutz/

Goeser, Helmut (2008): *Agrarmärkte im Boom, Welternährung in der Krise*, Berlin, https://www.bundestag.de/blob/190244/8e6118e3e25d66cfdc82123704b49b68/agrarmaerkte_im_boom-data.pdf

Goeser, Helmut (2011): *Land Grabbing*, Berlin, https://www.bundestag.de/blob/192332/e135367c9c5de7bbfdf987adda71c606/land_grabbing-data.pdf

Haefliger, Markus M. (2016), *Saatgutmärkte in Afrika. Bessere Ernten dank mehr Markt*, Nairobi, http://www.nzz.ch/wirtschaft/wirtschaftspolitik/bessere-ernten-dank-mehr-markt-1.18681349

Haerlin, Benedikt u.a.(2015a): *Über den Weltagrarbericht*, Bochum, http://www.weltagrarbericht.de/themen-des-weltagrarberichts/ueber-den-weltagrarbericht.html

Haerlin, Benedikt u.a.(2015b): *Über den Weltagrarbericht*, Bochum, http://www.weltagrarbericht.de/themen-des-weltagrarberichts/ueber-den-weltagrarbericht/ueber-den-weltagrarbericht-volltext.html

Haerlin, Benedikt u.a.(2015c): *Landgrabbing*, Bochum, http://www.weltagrarbericht.de/themen-des-weltagrarberichts/landgrabbing.html

Heidhues, Franz (2008): *Welternährung – Ernährungssicherheit bei rasch wachsender Bevölkerung*, Berlin, http://www.berlin-institut.org/fileadmin/user_upload/handbuch_texte/pdf_Heidhues_Welternaehrung.pdf

Hoddinott, John, Mark Rosegrant und Maximo Torero (2012): *Hunger and Malnutrition*, Copenhagen, http://www.copenhagenconsensus.com/sites/default/files/hungerandmalnutrition.pdf

Iwuoha, John-Paul (2013): *Eric Muthomi – The Kenyan lawyer who built a successful business from a simple 'banana idea'*, Lagos, http://www.smallstarter.com/get-inspired/eric-muthomi-stawi-foods-kenya/

Mayer, Jorge (2015): *Golden Rice is part of the solution*, Laguna, http://www.goldenrice.org/

Munker, Barbara (2014): Zucker – der teuflisch giftige Dickmacher, Berlin, http://www.welt.de/gesundheit/article135567307/Zucker-der-teuflisch-giftige-Dickmacher.html

Nadenau, Julia (2013): *Philippinische Landwirte zerstören Versuchsfelder mit „Goldenem Reis"*, Aachen, https://blog.misereor.de/2013/08/28/philippinische-landwirte-zerstoren-versuchsfelder-mit-goldenem-reis/

Navdanya (2021a): http://www.navdanyainternational.org/de/freiheit-des-saatguts/

Navdanya (2021b): https://seedfreedom.info/campaigns/

Navdanya (2022): *Navdanya*, New Delhi, http://www.navdanya.org/

Nuscheler, Franz (2008): *Die umstrittene Wirksamkeit der Entwicklungszusammenarbeit*, Duisburg: Institut für Entwicklung und Frieden, Universität Duisburg-Essen (INEF-Report 93/2008)

Paeger, Jürgen (2015):*Vom Bauern zur industriellen Landwirtschaft*, Bochum, http://www.oekosystem-erde.de/html/industrielle_landwirtschaft.html

Polman, Linda (2008): Die Mitleidsindustrie. Hinter den Kulissen internationaler Hilfsorganisationen, Verlag Herder GmbH: Freiburg im Breisgau 2012

Regionalwert AG (2014): *10 Thesen zum Umdenken*, Emmendingen, http://www.regionalwert-ag.de/wp-content/uploads/2014/08/10-Thesen-zum-Umdenken1.pdf

Rosa-Luxembourg-Stiftung (2015): *Saat macht satt*, Berlin, http://www.saatmachtsatt.de/hintergrund.html

Schimansky, Sophie (2014): *Ruandas Frauen: beruflich emanzipiert, privat unterdrückt*, Berlin, http://bizzmiss.de/business-women/ruandas-frauen-beruflich-emanzipiert-privat-unterdrueckt/

Statista (2016): *Weltbevölkerung 2015*, Hamburg, http://de.statista.com/statistik/daten/studie/1716/umfrage/entwicklung-der-weltbevoelkerung/

Third Copenhagen Consensus (2012): *Hunger and Malnutrition Assessment, Hoddinott Rosegrant Torero*, Kopenhagen, http://www.copenhagenconsensus.com/publication/third-copenhagen-consensus-hunger-and-malnutrition-assessment-hoddinott-rosegrant-torero

UNICEF (2008): *Kinderarbeit Grundsatzpapier*, Österreich, https://www.unicef.at/fileadmin/media/Infos_und_Medien/Info-Material/Kinderarbeit/Kinderarbeit-Grundsatzpapier_neu__2008__01.pdf

Vereinte Nationen (2000): *Millenniums-Erklärung der Vereinten Nationen*, New York, http://www.un.org/Depts/german/millennium/ar55002-mill-erkl.pdf

Vereinte Nationen (2015a): *Millenniums-Entwicklungsziele Bericht 2015*, New York, http://www.un.org/Depts/german/millennium/MDG%20Report%202015%20German.pdf

Vereinte Nationen (2015b): *The MDG Gap Task Force Report 2015*, New York, http://www.un.org/en/development/desa/policy/mdg_gap/mdg_gap2015/2015GAP_FACTSHEET_EN.pdf

Vereinte Nationen (2015c): *Transforming our World: The 2030 Agenda for Sustainable Development*, New York, https://sustainabledevelopment.un.org/content/documents/21252030%20Agenda%20for%20Sustainable%20Development%20web.pdf

Volksstimme (2016): „Drohbriefe für Landwirte wegen Nachsaat", Magdeburger Volksstimme vom 08. April

Wakamiya, Atsuko (2011), *Wieviel Fläche braucht ein Mensch um sich zu ernähren?*, Eichstätten, http://www.lel-bw.de/pb/site/lel/get/documents/MLR.LEL/PB5Documents/lel/pdf/w/Wie%20viel%20Fl%C3%A4che%20braucht%20ein%20Mensch%20um%20sich%20zu%20ern%C3%A4hren%20-%20Wakamiya.pdf

WFP (2016a): *Unterernährung*, Berlin, http://de.wfp.org/hunger/unterern%C3%A4hrung

WFP (2016b): *Mangelernährung*, Berlin, http://de.wfp.org/mangelernaehrung

WFP (2016c): *Die globalen Nachhaltigkeitsziele*, Berlin, http://de.wfp.org/artikel/die-globalen-nachhaltigkeitsziele

WHO (2016): *Child growth indicators and their interpretation*, Genf, http://www.who.int/nutgrowthdb/about/introduction/en/index2.html

Wirtschaftliche Vereinigung Zucker e.V. (2019): Bitteres Aus für die süße Rübe, Berlin, https://www.zuckerverbaende.de/wp-content/uploads/2021/06/WVZ_Infodienst_Bitteres-Aus-fuer-die-suesse-Ruebe.pdf

Wirtschaftliche Vereinigung Zucker e.V. (2021): *Zucker und Körpergewicht*, Berlin, https://www.zuckerverbaende.de/wp-content/uploads/sites/3/2021/06/200212_Folder_Koerpergewicht_Zucker.pdf

World Bank (2016a): *Agricultural land (sq. km)*, Washington, http://data.worldbank.org/indicator/AG.LND.AGRI.K2/countries?display=graph

World Bank (2016b): *Agricultural land (sq. km)*, Washington, http://data.worldbank.org/indicator/AG.LND.AGRI.K2/countries/1W-ZF-4E-7E-XJ-XQ?display=graph

World Bank (2016c): *Population, total*, Washington, http://data.worldbank.org/indicator/SP.POP.TOTL/countries/1W-ZF-4E-7E-XJ-XQ?display=graph

World Bank (2016d): *Agricultural land (% of land area)*, Washington, http://data.worldbank.org/indicator/AG.LND.AGRI.ZS/countries/1W-ZF-4E-7E-XJ-XQ?display=graph

World Bank (2016e): *Arable land (% of land area)*, Washington, http://data.worldbank.org/indicator/AG.LND.ARBL.ZS/countries/1W-ZF-4E-7E-XJ-XQ?display=graph

www.weltagrarbericht.de/ (Stand 15.01.2022)

Ziche, Joachim (2005): Zukunftsfähige Landwirtschaft und Ernährung in den Entwicklungsländern, in: Brunner, Karl-Michael und Gesa U. Schönberger(Hg.), *Nachhaltigkeit und Ernährung,* Campus Verlag, Frankfurt/Main, S. 49 - 66

Zukunftsstiftung Landwirtschaft(Hg.) (2013): *Wege aus der Hungerkrise. Die Erkenntnisse und Folgen des Weltagrarberichtes: Vorschläge für eine Landwirtschaft von morgen*, AbL Verlag, Hamm, online unter: https://docplayer.org/75051387-Wege-aus-der-hungerkrise-die-erkenntnisse-und-folgen-des-weltagrarberichts-vorschlaege-fuer-eine-landwirtschaft-von-morgen.html